もっと前へ、日々進化

コンシェルジュの仕事道

グランド ハイアット 東京 コンシェルジュ
明海大学 ホスピタリティ・ツーリズム学部 教授
阿部 佳

清流出版

「ようこそわが家へ。どうぞ快適にお過ごしください」。いつもそんな気持ちでお客さまをお迎えする。

コンシェルジュの国際組織「レ・クレドール」の会員が制服につける金の鍵の襟章。

常に話しかけやすい雰囲気を醸すコンシェルジュチーム。常連客の中には、特に用がなくても雑談に立ち寄る人も。

より魅力的なホテルになるために日々努力。総支配人（写真右）はじめ、マネージャー陣からの意見や情報はいつも貴重なアドバイス。

グランド ハイアット 東京は地上21階。400近い客室のほか宴会場やレストランもあり宿泊以外の利用も多い。

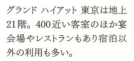

約25年間、ホテルの現場から日本の観光の変遷を見て、日本はもっと魅力的な観光国になれると確信している。

モダンな設えの客室ではアメニティグッズやリネンに至るまで上質なものを用意。窓からは東京の景色が楽しめる。

お客さまの「やあ、また来たよ」の声を聞くために終始、プロの仕事に徹する。

2003（平成15）年4月に六本木ヒルズの一画に開業したグランド ハイアット 東京。多くの海外ビジネスマンに愛用されている。

プロローグ

ホテル。

この「非日常感」漂う空間が、子どものころから好きでした。

正面玄関から入っていくときの背筋が伸びるような心地よい緊張感。

大理石や絨毯が床に敷き詰められた高天井のロビーを歩く華やいだ気持ち。

それはいつもと違う、特別なお出かけ気分を味わわせてくれるものでした。

ときが経ち、そんな子ども心をときめかせたホテルが、今の私の仕事場です。

東京・六本木。

高層のオフィスビルやショッピングビルが立ちならぶ六本木ヒルズの一画にグランド ハイアット 東京はあります。

地上21階。400近い客室をもち、宴会場、会議室、レストラン、バーを併設しています。宿泊客の約7割が海外からのお客さまで、30代から40代のビジネスマンが多く、観光客、日本の顔なじみのお客さまもいらっしゃいます。全面ガラス張りの玄関を入ったロビーのフロント横に、私たちのコンシェルジュデスクはあります。

以前、宿泊されたお客さまが再びホテルにいらして、わざわざ立ち寄ってくださることがあります。

「やあ、また来たよ」

こんなときが、私たちコンシェルジュにとって最高の瞬間。

ホテルの常連客は多くいらっしゃいますが、あえて声をかけてくださるのは、今までの私たちの仕事になんらかの満足を感じ、「また何か頼むかもしれないからよろしく」という思いがあるからでしょう。

私たちにとってこれは「次につながる仕事」ができた証でもあります。

「ようこそまたいらっしゃいました」と笑顔であいさつを交わしながら、あなたの今回の滞在もまた心地よいものであるよう、できる限りお手伝いをしましょう、と思うのです。


コンシェルジュの仕事における発想、行動というのは、常に「相手の視線、相手の気持ちで考える」という「ホスピタリティ」の心に根ざしています。

決まり事通りのサービスを一律に提供するのではなく、ひとりひとりの気持ちや状況を読み解き、社会的、法律的、道徳的な問題がない限り、お客さまが求めるあらゆる要望がかなえられるようお手伝いし、期待や想像をなさっていた以上の満足を感じていただくことを目指して仕事をしています。

そして、そのひとつひとつの積み重ねによって、お客さまにこのホテルのファンになっていただき、次の利用につなげることが、プロとして、企業人としてのコンシェルジュの務めです。

もちろん、コンシェルジュのみならず、すべてのホテルマンが「ホスピタリティ」を提供することで、お客さまは心地よいときを過ごし、リピーターにもなってくださいます。まさに総力戦です。

「やあ、また来たよ」の一言をいただいたときは、ホテルのさまざまなメンバーの仕事を喜んでいただけたのだと感じて、「またこのホテルを選んでくださって、ありがとうございます」とうれしくなります。

コンシェルジュの仕事に私が就いてから四半世紀近くが経ちます。

そもそもホテルのコンシェルジュという仕事は19世紀後半にヨーロッパで誕生し、かの地で歴史が刻まれてきました。

私がこの仕事を始めたときには、日本ではまだどんな仕事内容なのかもほとんど知られておらず、仕事のやり方も確立されていませんでした。

そんな中、各ホテルの志あるコンシェルジュが集まっては勉強会を開き、ケーススタディを積み重ねていきました。また、世界数十か国（現在は44の国と地域、会員約4000名）のコンシェルジュによるネットワーク組織「レ・クレドール」に参加し、海外の先輩たちとの交流を通じて、研鑽を積んできたのです。

未開拓地に道をつくっていくようなその経験は、苦労というよりも、〝初めて〟ならではの高揚感があり、そして、コンシェルジュの仕事とはいかなるものか、コンシェルジュたるものはどうあるべきかについて、試行錯誤しながら深く考え、信念を得、仲間を信じて進んできた特別な機会だったように思います。

そして、それはまたコンシェルジュだけでなく、日本のサービス業に携わるプロたちの「ホスピタリティ」を広め、根づかせるスタートでもあったといえると思います。

この仕事もある程度、軌道に乗ってきた今、新たに歩み始める人たちは、すでにつくられた道をあまり考えることなくスムーズに進めるようになっています。

さらに遠く先を見て、上を目指して考えるべきこと、挑戦すべきことはまだまだたくさんあるのですが、日々の仕事に困らなくなったせいか、そんながむしゃらさや強い意志はあまり感じられません。

道ができている分、〝職〟への思いが薄くなり、また、仕事の根本も見えづらくなっているのではないか。フレッシュなホテルマンたちと共に働き、また、接客業に就くことを目指す若者たちと大学で接していて、そんな不安も感じています。

それではきっと仕事が楽しくなくなってしまいます。


コンシェルジュの仕事、「ホスピタリティ」の仕事とはどういうものなのか。

プロとして仕事をするというのはどういうことなのか。

日々、飽きることなく、仕事で進化していくにはどうしたらいいか。

チームを率いる立場になったとき、どういう環境をつくり、どう仲間たちと接するのか。


本書を、後輩やあとに続く人たちがこんなことを考えるきっかけにしてほしい。

そして、こういった内容が、接客業に就く人のみならず、仕事に飽きて楽しくないと思っている人、仕事に行き詰まりを感じている人、また、人づきあいや後輩との接し方に悩んでいる方たちの励みにもなればと思っています。

また、常にお客さまの気持ちで考え、行動するコンシェルジュの「ホスピタリティ」に基づいた発想や姿勢は、商品開発やマーケティング、営業など幅広い業種にも相通じるようで、いろいろな分野、企業の方がその仕事の仕方に興味をもって連絡をくださいます。

本書が、仕事の現場で「ホスピタリティ」を活かしたいと考えておられる方々のヒントになればとも思います。

さらにもうひとつ、コンシェルジュとして、お客さまの旅をプランニングしたり、全国の観光地へお客さまを送り出してきた経験を通して、日本の観光はさらなる可能性を秘めつつ、まだ開拓、改善の余地が多くあることを感じています。

近年、日本は政府主導で観光立国を目指して動き出してはいますが、年々、外国人観光客が増え、今後、東京オリンピック・パラリンピックもある中、もっと地域レベル、民間レベルでできること、すべきことがあるのではないか。

発想の転換やネットワークづくりで日本の観光はもっと活性化し、さまざまな展開ができるのではないか。そして、もっと魅力的に「ジャパン」を伝えられるのではないかと思っています。また個人レベルでは、一般の人たちが街で出会う人や観光客を含め、誰とでももっと「ホスピタリティ」の心をもって接していかなければ、日本は真の「おもてなしの国」にはなれないのではないかとも感じています。

そんなことも、この本で問いかけていけたらと考えています。

プロ意識をもった、志のあるコンシェルジュが、つながってチームとなれば、さらに力を発揮できる。そして、そのコンシェルジュチームとほかの部署のプロたちが連携すれば、ホテルはさらにパワーアップする。そして、ホテルとさまざまな企業や地域がつながれば、日本はより一層魅力的な観光国になります。

日々、人と人をつなぐネットワークを駆使して仕事をしているひとりとして、私はもっと「つながる力」を信じ、強め、広げていきたいと思っています。

そして、日々、「ホスピタリティ」の心で仕事をするひとりとして、もっと多くの人に「相手の気持ちに気づき、相手の気持ちで考える」心をもっていただき、人にやさしい国にしていきたいと願っています。

新人のときからプロ意識をしっかり根づかせ、何事にも左右されない、ぶれない自分を築きます

「何を伝えるか」だけでなく「どう伝えるか」でお客さまを喜ばせ、満足度をさらに高めます

第2章 現状維持のチームではなく、進化し続けるチームであるために

第3章 ホスピタリティがあれば、どんな仕事も質が上がる

ホスピタリティは接客業のみならず
どんな職業、どんな職場にも必要です——141

接客する人が少ないホテルにも、ホスピタリティはある
プロのホスピタリティは〝付加価値〟ではない
「社内顧客」のことも考えなければ、ホスピタリティは完成しない

第4章

さまざまな人と人、業種と業種がつながれば、
できることが広がる

ホテルや国の枠を超えてつながっていることが
コンシェルジュの最大の強味です——150

ヨーロッパで出会った「心を読み解く」不思議な老紳士
就職先を考えたとき、ふと思い出したコンシェルジュという仕事
そのときどきで一生懸命取り組めば、人生に無駄な寄り道はない
ホテルの枠を超えて実力を高め合う勉強会

第1章

私たちは、「相手の気持ちを読んで行動する」プロ集団

お客さまひとりひとりの依頼や要望に対して
カスタムメイドの応えを用意します

そのお客さまにとっての「正解」を探る

大切な友人を家に迎える。

コンシェルジュのお客さまに対する思いのかけ方は、こんな感覚に近いと思います。単に宿泊施設にお客さまを迎え、サービスを提供するという感じではなく、ひとりひとりに心を寄り添わせ、我が家で快適に過ごしていただきたいというホスピタリティの思いです。

グランド ハイアット 東京のコンシェルジュはただ今、7名。

私たちの元に寄せられるお客さまからの依頼、要望は1日200～300件、そのほかメールでの問い合わせが1日100～200件あります。

レストランや交通手段の案内や予約、航空券やレンタカーの手配、旅行のプランニング、ビジネスの手伝い、人やもの探し、文書の作成。ときには「こんな依頼は今回が最初で最後だろう」というような突飛なものも。

そのすべての依頼や要望に対して、私たちは情報を提供し、さまざまな手配をしますが、真の仕事はお客さまをよく見、感じ、気持ちを読み解くことにあります。

「ホスピタリティ」とはどういうものかについては、第3章で改めて詳しく書きたいと思いますが、まさにこの「相手の気持ちで考える」というホスピタリティの心が、私たちの仕事の核になっています。

たとえば、外国のお客さまから「今晩、日本食を食べたいのだけど、何がいいかな」と尋ねられたとします。

このとき最初に考えるのは、どのレストランを紹介しようか……ではなく、このお客さまのおっしゃっている「日本食」とはどんなイメージなのだろうか……、食べる物だけでなく、どんな雰囲気の、どのような食事を「日本食」とおっしゃっているのか……、ということです。

お客さま自身、気持ちがあいまいなこともよくあります。

そこで私たちは、質問や提案を投げかけながらお客さまの表情、反応を見て、言葉にはならない行間も読んで、ご本人も気づいていない本心をも見つけようとします。

Aというお客さまにとっての正解は、Bというお客さまにとっての正解とは限らない。先入観は相手の気持ちを読み取る力を鈍らせます。

あくまでも答えは、今、目の前のお客さまの中にしかない。だから、集中してこのお客さまにとっての「正解」を見つけなければなりません。

「昨日は何を召し上がられましたか？」とお客さまに聞くと「寿司」とおっしゃり、「おとといは？」と聞くと、また「寿司」とおっしゃったとします。

この段階で即座に「さすがに今日はもうお寿司は召し上がらないだろう」と思ってしまったら、コンシェルジュとはいえません。

そこにはすでに「自分だったらお寿司以外のものを選ぶ」という考えが入ってしまっているからです。自分の発想をはずし、「相手の側に立って、相手の気持ちで考え」て、お客さまの本当の思いを探っていきます。

その結果、「3日目は寿司以外」という選択になったり、「3日目も寿司」という選択になったりもするのです。

お客さまの依頼や要望をそのまま忠実にかなえるだけなら、それは手配師、情報提供師です。でも、その手配、情報提供をどういう気持ち、心遣いでできるか、手配、情報提供の前に何を考えるかが、コンシェルジュには求められます。

そして、お客さまがただ満足を感じるだけでなく、「なぜ私の気持ちがわかったの？」「こんなアイデアもあったの？」と驚いてくださる。

つまり要望に100パーセント応えること以上の満足を提供することが、コンシェルジュの仕事の楽しさでもあります。何がこの方にとっての「正解」なのかを探るのにいつもわくわくしています。

十分な「準備」があるからこそ、自信をもって仕事ができる

本当に自信をもって接客をできる人というのは、そうはいないと思います。どんなベテランであっても、絶対の自信などありません。

それでも、コンシェルジュは「なんでもお任せください」と自信をもって立っていることも仕事のうちです。誰だって、自信がなさそうな人にものを尋ねたり、緊急の困り事を相談したくはないでしょう。

では、絶対ではないにしても、自信をもつにはどうすればいいかといえば、十分な「準備」しかありません。その準備のひとつが「情報」の用意です。

豊富な情報をもっているからこそ、余裕をもってお客さまの状況や気持ちを読み取り、それに合った提案をすることができます。

私たちの手元には、空港バスやハイヤー、列車、飛行機、ヘリコプターといった移動手段、レンタカーやガイドやベビーシッターなどのサービス、観光地、美術館や博物館、飲食店など、幅広い情報がそろっています。

それでも店は次々とできたり閉店したりし、イベント、美術展、演劇などは随時、開催されるので、常に情報の収集、更新が必要です。

飲食店に関する問い合わせはとても多いので、雑誌などを見ては、新しくできた店、気になる店をチェックします。でも、雑誌の記事をただファイルするわけではなく、自分たちが使える情報に置き換えなければ意味がありません。

そこで、実際に食事に出かけます。


今ではスマートフォンなどでインターネットの地図検索サイトを使えば、店の住所のところまで誘導してくれます。それでも、ふたつの道に面したビルなどは、どちらの道に入口があるのかわからなかったりします。また、ビルが乱立していて、近くまでは来ているはずなのに、入口が見つからないことも少なくありません。

だから自分たちの目で、確かめておくのです。

店の入口はわかりやすいか、看板は出ているのか、周辺はどんな雰囲気か。店が２階であれば、ビルの１階はどんな様子なのか。２階までは外階段を上がるのか、ビルの中のエレベーターで行くのか。

こんなことを見ておいて、お客さまへの案内に活かします。

でも、知っていることを何もかもお客さまに伝えればいいというわけでもありません。情報が多すぎてもお客さまが混乱します。

この方には何を伝えればわかりやすいかもまた、表情や言葉から読み取り、情報を絞り込む。その方その方にちょうどいい情報量を探ります。

私たちがご案内をする限り、少なくともお客さまが店までスムーズに行かれることは当たり前です。お客さまが、きめ細かくサポートされた心地よさを感じ、「また何かあったらこの人たちを頼りにしたい」と思い、この施設や地域のファンになってくださる。そうなったときにはじめてコンシェルジュとして仕事をしたといえます。

自分たちの足、目、舌で確かめた情報を提供する

さらに飲食店に関しては、雑誌の記事に店内写真が載っていたとしても、実際の内装はどうなのか、雰囲気はにぎやかなのか、落ち着いているのかなどは、行ってこそわかります。

仕事相手と行くのに適しているのか、家族や親しい人とのくつろいだ食事に向いているのか、子ども連れでも楽しめるか。そのほか、英語のメニューはあるか、品数や味、ボリュームはどのくらいか。そして何より、どんな接客をしてくださるのか。

お客さまが知りたいであろうこと、私たちが知っておいたほうがいいことを、自分たちなりの情報として整理します。

リサーチとして行くときは、コンシェルジュと名乗って特別扱いされたのでは普段の状態がわからないので、あくまでも一般の客として行きます。そして、今後、お客さまが頻繁にお世話になると思われる場合は、改めてごあいさつにうかがうようにしています。お客さまの日本での滞在は、長短あったとしても限られた日数ですから、一食たりともがっかりさせるわけにはいきません。

だからこそ、私たちは自分の足を運び、自分の目で見て、自分の舌で味わって、自

信をもってお薦めできるようにしています。

月に1度はコンシェルジュチームで意見交換を兼ねて気になる店に食事に行きますが、この定期食事会だけでは情報収集は追いつきません。各自が飲食店をはじめ、イベント、美術展、演劇公演などに足を運んでは、集めてきた情報をチームで共有し、活用します。

コンシェルジュの休日といえば、たいていこんな情報収集をしていたり、観光地に足を運んだり、ほかのホテルや旅館などに泊まったりしているので、オンとオフの区別があるような、ないようなもの。自分で支払って出かけることがほとんどです。

これも、いい仕事をするための自己投資です。ある意味、プロ意識ともいえますが、こんなことが好きで苦にならない人たちが、コンシェルジュになっているともいえるでしょう。

「誰に聞いても同じ答え」で不安を摘み取る

交通経路や道順などのご案内も、実際に足を運んで自分たちの目で見、確認をして、ご案内に役立てる情報を整理しています。

たとえば、成田エクスプレス（成田空港へアクセスする特別急行列車）や新幹線に乗るために、ホテルのある六本木から東京駅へはどう行ったらいいかという問い合わせが多くあります。

少々細かい話になりますが、六本木駅から東京駅へはまず地下鉄日比谷線に乗り、その後、地下鉄丸の内線に乗り換えます。

乗り換えは1回なのですが、日比谷線と丸の内線が接続している駅がふたつあります。霞ヶ関駅で乗り換えても、銀座駅で乗り換えても、東京駅に行けるのです。

このルートをインターネットで調べると、霞ヶ関駅乗り換えが推奨ルートとして出てきます。全行程の駅数が、銀座駅乗り換えより1駅少なく、所要時間が数分短いからです。

でも、私たちは、銀座駅乗り換えをご案内しています。それは、自分たちで実際に移動をしてみた結果、こちらのほうがいいと判断したからです。

グランド ハイアット 東京がある六本木ヒルズから地下鉄日比谷線の六本木駅に降りていくと、ホームのいちばん後ろに着きます。ところが、霞ヶ関駅で乗り換えるためには、ホームのいちばん前まで移動しなければなりません。でも、銀座駅で乗り換える場合は、ホームのいちばん後ろにある階段を使って丸の内線のホームに行けるので、移動が楽にすみます。

東京をよくご存じの方なら、使い慣れた駅などもあるでしょうから、お好みでどちらの駅で乗り換えてもいい話です。でも、慣れない土地でそれも大きな荷物を持って移動する場合、動きがシンプルなほうが安心です。

お客さまには「六本木駅でホームに降りたらそのまま電車に乗り、銀座駅で降りたら赤い丸の看板（丸の内線）が見えるので、その赤い丸を目印に進んでください」と、自分たちで見つけたわかりやすい目印を示しながらご案内します。

こんなときに大切なのが、お客さまにこのルートをお薦めする理由もきちんと説明することです。お客さまがあとから「えっ、ほかにもルートがあったじゃないか。本当に教えられたほうで大丈夫なのか」と不安を抱かないよう、事前にその不安の芽を摘み取っておくのです。

そしてもうひとつ、「この問い合わせに関しては、このルートを紹介する」というホテルとしての答えの統一です。交通経路や道順に関しては、お客さまがコンシェルジュ以外の部署で尋ねることもあるので、ホテル全体で答えをそろえておきます。

これも、「昨日聞いた人と、今日聞いた人で答えが違う」となれば、お客さまが不安になるので、「誰に聞いても同じ答え」を用意しておくのです。

どんなときでも、「相手の気持ちで考える」ことが基本です。

「知っている人」を知っていることも情報

情報はできるだけ集め、管理するように心がけていますが、お客さまのありとあらゆる質問や要望に応えるすべての情報を用意しておくのは到底、不可能です。

そこで重要になるのが人脈、ネットワークです。

このことならあの店に聞けばわかる、あの人に尋ねれば知恵を貸してくれる、あの会社に頼めばなんとかなるかもしれない。

自分はそのことを知らなくても、それを「知っている人」「知恵を貸してくれそうな人」「実現できる力をもっている人」を知っていればいいのです。この「人脈、ネットワークづくり」も、コンシェルジュにとって重要な「準備」のひとつになります。

何かの折に問い合わせをした会社や店、会合やセミナーで出会った人、そのすべてが私たちの財産になります。

インテリアのことならあの会社、おもちゃのことならあの店、コンサートチケットのことならあの方……と人脈を増やしていきます。

新たな突拍子もない難問が飛び込んできたときに、手持ちの情報や人脈ではすぐに、答えが得られそうもない場合でも、関連のありそうな方に問い合わせてみると、「知っている人」「知恵を貸してくれそうな人」「実現できる力をもっている人」を紹介してくださる可能性もあります。

そうやってネットワークを広げていきます。

だからこそ、人脈はただもっているだけでなく、大事に育てることが肝心になります。そのためには誠実におつきあいをすることです。

なんでもかんでもお願いをするのではなく、これは本当にお願いをするべきなのか、自力でなんとかすべきことなのか。また、ときには、その依頼が実現できないことをお客さまに説明し、ご納得いただかなければならない場合もあります。

そうしたことをきちんと判断し、常日ごろから節度あるおつきあいをしていればこそ、どうしても実現させなければならないお願いのとき、「よほどのことなのだろうから、ひと肌脱ごう」と思っていただけます。

そのためには、まずはこちらがお役に立てるときに、できる限りのことをしてさしあげることです。パーティなどで1回、名刺交換した程度では、お互い顔も忘れてしまいかねません。その出会いを大事にするためにおつきあいをすることで、人脈のパイプを太くしていきます。

お礼に行く、お詫びに行くのは、人脈を育てるチャンスです。お世話になったところにはできるだけ足を運んでお礼の気持ちを伝えます。また、たとえば、お客さまが予約の時間に遅れたなど、ご迷惑をかけたときにはお詫びにうかがいます。

電話でなく、顔を合わせてお話をすると、互いの理解が深まっていきます。

人脈とは、多くの人を知っていればいいというわけではありません。その質を大事にしてこそのネットワークです。

1度目は「初めてのこと」も、2度目以降は「慣れたこと」に

「明日、会議に着ていくシャツにシミをつけてしまった」
「スーツケースの鍵が壊れて開かなくなってしまった」
「パスポートを落としてしまった」

コンシェルジュの元にはいろいろな困り事も届きます。

急なトラブルでお客さまがパニックになっていることもありますが、少しでも心を落ち着けていただけるよう、私たちは冷静な対応を心がけます。

問題解決の手立てが何もなければ焦ることになりますが、準備を積めば積むだけ平常心でいられます。だから準備が重要になるのです。

「初めて」のときは試行錯誤し、たくさんの調査をして解決しなければならないこともあります。でも、2度目以降は「すでに経験済み」のこととして「スムーズに対応できて当たり前」にしていくことが大切。そんな心構えでひとつひとつの経験を蓄積し、次に備える糧としていきます。

たとえば、その日の午後には成田空港から帰国しなければならないお客さまが、パ

スポートを落としてしまったという緊急事態が起こったとします。

事情を確かめると、朝、築地市場にセリを見に出かけ、タクシーで往復していたとしましょう。

築地市場の落とし物の問合せはどこにすればいいのか。タクシーの忘れ物はどこに連絡をすればいいのか。こういう情報の蓄積があれば右往左往せず、無駄な動きなしに最初の一手が打てます。

そしてそれと並行して、そのほかあらゆる可能性を想定し、今後起こりうることや「最悪の事態」をも考えて、ほかの手も打ち始めます。

パスポートが出てきたとしても、午後のフライトに間に合わない場合を想定し、フライトの変更、成田までの交通手段の時間変更などの準備をする。

パスポートが出てこない場合を想定し、大使館でパスポートを再発行してもらったあと、最短で乗れるフライトの手続きの準備をする、などなど。

いろいろなことを急いで、効率よくやらなければいけませんが、手立てや手段を知っていれば焦らずに粛々と動くことができます。

何事にも「初めて」はありますが、2度目以降は慣れたことにする。

コンシェルジュはどんなときも、何かをつかんで前に進もうとします。

すべては、昨日よりも今日、今日よりも明日、いい仕事をするためです。

突拍子のない依頼も、情報と人脈があれば驚かない

「宿泊の予約を入れている者ですが、気球でそちらまで行ってもいいかな」

あるとき外国人のお客さまからこんな電話がかかってきました。まるでタクシーかハイヤーでいらっしゃるかのように、そうおっしゃるのです。

お話を聞いてみると、三重県で開催されている気球の大会に参加し、その後、東京に宿泊する予定なので、気球で飛んで行きたいとのこと。

どこまで本気かは別として、まんざら冗談でもなさそうです。

突拍子のない話のようではありますが、確かに世の中で気球は飛んでいるわけですから、どこかで離発着はできるのでしょう。

「お調べしますので少々お待ちください」と電話をいったん切りました。

こんなときも「とんでもない依頼が来た」と焦らないのは、私たちがいつも大切に育てている人脈やネットワークを使えば、手がかりはきっと見つけられると思ってい

るからです。

それに、こういうときに「また厄介な依頼がきてしまった」と面倒に思うのではなく、「へぇ、気球で行きたいなんて、ユニークなことをおっしゃる」とおもしろがり、どうやって解決をしようかとわくわくし、プロの意地にかけてお客さまに喜んでいただこうと考えるのが、コンシェルジュです。


このときは、気球を取り扱う会社は知らなかったのですが、コマーシャルなどに使われる飛行船を飛ばしている会社にかつて問い合わせをしたことがあったので、そこに電話をしてみました。すると、〝空を飛ぶもの同士〟でつきあいがあるそうで、気球の会社を教えてくれました。

早速、電話をしてみると、「六本木の街には気球は降りられないが、六本木のいちばん近くならば東京郊外の○○に降りられる。降りるのはいいが、三重から飛ぶときも、また東京から飛び立つときもエンジニアが必要なので結構な費用がかかる」とその概算を教えてくれました。

効率的な話ではなさそうですが、お客さまに「こういう方法があり、費用はこのくらいかかります。どういたしましょうか」とお伝えしました。

結局は、お客さまが「それはあまり楽しくなさそうだね」とおっしゃり、この話は終了となりました。

情報も人脈も、ただもっているだけでなく、何を選び、どう使うかにかかっています。気球の会社を知らなくても、空のつながりで飛行船の会社なら何かわかるかもしれない。何と何を紐づけして、求める情報を引っ張り出せるか。日ごろからそんな意識をもって、発想を豊かにしておきます。

そして、わくわくしながら問題解決に臨める心の余裕、どうにかしてお客さまが本当になさりたいことをかなえようとするプロ意識が私たちの仕事を支えています。

新人のときからプロ意識をしっかり根づかせ、何事にも左右されない、ぶれない自分を築きます

自分のホテルを知ることから仕事は始まる

ホテルによって事情はさまざまですが、グランド ハイアット 東京では、新卒で入社したばかりの人がコンシェルジュになることはありません。

新卒では無理な仕事だとはいいませんが、お客さまたちは人生経験も社会経験も豊富な方ばかりなので、ホテルマンとしても社会人としても未熟なままコンシェルジュになっても会話をふくらませることができず、どちらにも気の毒です。

家族や友人のいない異国で、コンシェルジュは気の置けない話ができる相手でもあるのです。

コンシェルジュに欠員が出たときには、ホテルのほかの部署の経験者、別の会社で社会経験を積んだ人、あるいはほかのホテルのコンシェルジュなどの中から希望者を

募ります。そして、採用が決まると、実際にコンシェルジュとして働く前に、少なくともハウスキーピング（客室係）、ベルマン、フロントは数週間、経験します。これは、自分たちの商品であるホテルをよく知るためです。

ホテルはなんといっても客室があることで成り立っています。

ハウスキーピングはその客室をセッティングするスペシャリストなので、部屋の事細かなことまで詳しくなります。コンシェルジュになって、お客さまから「部屋の電話のボタンの何々が」と聞かれても、電話機のプッシュボタンがどうなっているのか知らなければ答えられませんが、ハウスキーピングの経験があれば役に立ちます。そして何より、自分のホテルがていねいに心を込めてお部屋を準備していることを実感し、自信をもって客室を案内することができます。

ベルマンは、お客さまの荷物を部屋まで運んだり、ホテルじゅうを歩きまわるので、館内に詳しくなれるうえ、多くの人と知り合えます。また、部屋までエスコートしたり、非常口の場所や部屋のシステムの案内をしたり、タクシーの手配をしたりと、接客の経験もできます。コンシェルジュとは連携が最も多い部署でもあります。

そして、フロントは、通常コンシェルジュデスクの近くにあり、同じく、連携をして仕事をしたり、ヘルプし合ったりすることもよくあるので、お互いの業務を知っていたほうが何かとスムーズです。

新人コンシェルジュの第一歩は、まず自分のホテルを知ることから。ホテルの中のことがわかってから、ホテルの外のご案内へと視野を広げていきます。

常に格好よくあってこそ、コンシェルジュ

ホテル経験や社会経験を積んできた人でも、誰もがコンシェルジュとして新人の時代があります。そんな新人コンシェルジュに最初に話すのは、「常に相手の気持ちで考えるプロであれ」ということです。

相手とは、お客さまだけではありません。

レストランに予約を入れるにしても、電話を受ける方の気持ちで考えれば、店が忙しい時間を避けるなど気を遣えるでしょう。社内の書類をつくるにしても、読む人の気持ちで考えれば、情報の伝え方や読みやすさに気をまわせるでしょう。ホテルのほかの部署に何か依頼をするにしても、頼まれる方の気持ちで考えれば、話すタイミングや内容に気を配れるでしょう。

これこそが、プロのホスピタリティです。

日ごろからホスピタリティの心をもつことによって、自分の行動が相手にどんな影響を及ぼすかということに敏感になります。それがひいては、お客さまの表情や気持ち、言葉にならない行間を読むのに役立ちます。

また、常に相手への配慮があれば、対お客さまだけでなく、仕事がスムーズに流れるはずです。

これぞコンシェルジュらしいスマートな仕事ぶりです。

コンシェルジュは、常に格好よく。

そんな美学をプロ意識としてもつべきです。相手が喜んでくれることが、自分の喜びであってこその仕事といえるでしょう。

いかに相手の気持ちを感じて、〝とことん〟できるか

もうひとつ、コンシェルジュになる人に覚えてほしいのが、「思いつく限り、とことん最後までできることをする」ということです。

何かを思いついてアクションしたとしても、それ以上にできることはないか、もっとできることはないか、考えられるだけ考えて、もう考えつかないというところまで全部手をつくす。そこまでやって失敗をしたら、私が責任をとるから、手を抜いたりゆるめたりしないで、と伝えています。

そうはいっても初めのころはどんなことができるか、あまり思いつかないものです。ですから、〝とことん〟手をつくすというコンシェルジュのプロ意識を、最初に身につけてほしいと思うのです。

「明日の朝、ディズニーランドは何時に開きますか?」とお客さまから聞かれて、「〇時に開きます」と間違いなく伝えれば、質問には答えられたことになります。

でも、「何時に開くの?」「〇時に開きます」「あっ、そう」でおしまいにするのではなく、もっとお伝えできることはあるはずです。

「行き方はご存知ですか?」
「何時にホテルを出ればいいかわかりますか?」
「ご朝食はどうされますか?」
「チケットはおもちですか?」

「明日は人出が多そうなので、チケットを買っておいたほうがいいかもしれません。お手伝いしましょうか？」

ひとつ受けた質問から、思いつく限り想像をめぐらせて、お客さまが気づいていない「知っておいたほうがいいこと」「準備しておいたほうがいいこと」をどれだけ見つけ出し、先に解決できるか……。

どちらかというと、なるべく余計なことはしたくないという人は、コンシェルジュには向きません。お客さまのためにできることをとことん考え、実行するのがコンシェルジュです。

柔軟に考え、お客さまの気持ちに寄り添う

コンシェルジュは一見、無理そうな依頼に対しても、本当にできないのか、何か手立てはないかと考えをめぐらします。どうにかしてやり遂げようというプロ意識であり、ある意味、プロとしての誇り、意地のようなものです。

「海外のお客さまから『猫を買ってきてもいいかな？』と聞かれました。無理ですよ

ね」と、こんな問い合わせがほかの部署からくることがあります。

「このホテルに猫は入れませんし、海外に連れて帰るのには注射や手続きが必要ですが、その方の滞在は明日までなので間に合いません」というのが、無理だと判断している理由です。

その内容に間違いはありませんが、それならば猫を買うことはできないのか。そこで考えを止めないことです。


このホテルには猫は連れて来られないが、近くにペットホテルがある。

国によって動物の入国条件が異なり、さまざまな手続きに日数がかかるが、必要な手続きをすれば海外に連れて帰れる。

こういった情報をお伝えし、猫を買うかどうかを判断するのはお客さまです。そのために翌日までの予定だった滞在を延ばす方もいらっしゃるのです。

「こういう条件だからできません」ではなく、「これなら実現できます」ということをお伝えし、そのうえで、お客さまが決めたことに対してできる限りお手伝いをするのが、コンシェルジュとしての姿勢です。お客さまの気持ちに寄り添って、どれだけのアイデアを思いつけるか、それもいかに柔軟に考えられるか。

実際には、猫どころか、「娘の誕生日に象を買いたいのだが」といった相談事もかつてありました。そんなときも、お客さまの娘を思う気持ちに寄り添い、考えをめぐらせ、行動します。

この方は、象を買うことが目的ではなくお嬢さまを喜ばせたい、驚かせたいのです。その思いを理解すれば、解決の糸口はきっと見つかります。

同じ質問のようでも、じつは同じ質問ではない

ホテルのある土地柄、「六本木から渋谷へはどう行くのか」という質問をよく受けます。六本木と渋谷は地理的にはさほど遠くないのですが、いくつもの行き方があります。

また少し細かい話になりますが、電車を使うならば、六本木駅から地下鉄日比谷線で恵比寿駅に行き、ＪＲに乗り換えて渋谷駅に行く方法がひとつ。所要時間は15分程度。六本木駅から地下鉄大江戸線で青山一丁目駅に行き、銀座線か半蔵門線に乗り換えて渋谷駅に行く方法がもうひとつ。ホテルから大江戸線の六本木駅まで少し歩くので、所要時間は20分程度。

そのほか、バスならば六本木駅前から渋谷駅前まで乗り換えなしで15分程度。タクシーならば時間帯にもよりますが、10分程度といったところでしょうか。いずれも時間は大きくは変わりません。

さて、どの方法をお薦めするか。

お客さまは「渋谷に行く」とおっしゃってはいますが、ほとんどの場合、渋谷駅に用事があるわけではありません。新幹線や成田エクスプレスなどに乗るために「東京駅」を目指す場合の「六本木から東京」のご案内とは事情が異なります。

渋谷のどこに行きたいのかによって、当然、ご案内は変わってくるわけです。

目的地をお聞きすると「NHKホール」という返事がかえってきたとします。

NHKホールは、渋谷駅から徒歩15分。となると、もしお急ぎなら、ホテルからタクシーで行ったほうが、所要時間15分から20分で現地に到着できて便利です。

また、電車を使うにしても、JRの渋谷駅のひとつ先の原宿駅まで行けば、駅から徒歩10分で、歩く距離は短くなります。

ただし、人によっては優先事項が、時間や便利さではない場合もあります。

時間には余裕があり、乗り換え駅やその近辺に立ち寄りたいところがあるかもしれません。また、有名な渋谷駅前のスクランブル交差点を渡ってみたいのかもしれない。あるいは、日本の伝統文化に興味をおもちの方なら、原宿駅を使えば近くに明治神宮があるとお伝えすると、喜ばれるかもしれません。

ここでも、相手の気持ちや事情を考えることで、このお客さまにとっての「六本木から渋谷に行くベストな方法」はどれかが見えてきます。

そして、このときも、そのルートをお薦めする理由を自分の頭の中だけで処理するのではなく、お客さまにきちんと説明することです。そうすることで、お客さまはその配慮を理解し、信頼してくださいます。

単なる「六本木から渋谷へ行く」交通手段の案内でも、お客さまにとってのベストを探るのがコンシェルジュの仕事であり、また楽しみでもあります。

最初は楽しむ余裕はないかもしれません。それでも、楽しむ努力が必要です。

「『同じ目的地にいらっしゃる方はこれから説明をしますので、みなさん集まってください』といいたくなるわね」と笑って話すほど、同じ質問が次から次へと殺到する日があります。

でも、そのひとりひとりの目的や興味はさまざまなので、じつは同じ質問ではないのです。

1回1回が新鮮。1回1回が真剣。

飽きていてはいい仕事はできません。そして、飽きるようならコンシェルジュではありません。目をつぶっていても答えられそうな質問でも、その都度その都度、「目の前のお客さまにとってのベスト」を探ることをさぼらない。

そんな心構えを四六時中、もち続けられてこそプロフェッショナルです。

自分がしてさしあげたいことではなく、相手がしてほしいことを

お客さまが行きたいとおっしゃったコンサートのチケットが取れない。

お客さまが欲しいとおっしゃった品物が見つからない。

コンシェルジュはどんな難問にもお応えして、「不可能を可能にする」ように思われている節がありますが、残念ながら人気のコンサートチケットが取れないことも、品切れ状態の商品が買えないことも、しょっちゅうあります。

ただし、願いをかなえられないとしても、単に「ダメでした」では終わらせず、代

替案を提示して、お客さまのがっかりする心を少しでも支えようとします。

お客さまの「残念だった」という気持ちが、「あれはダメだったけど、こちらも悪くなかったね」になり、願わくば「あれはダメだったけど、こちらのほうがよかったじゃない」となるように努力するのです。

同じ「六本木から渋谷への行き方」でもお客さまによってベストなルートは違うように、たとえ行きたかったところが同じだったとしても、代替案はお客さまひとりひとりで違います。

ご希望だったのが、ウィーンのオーケストラのコンサートだったとして、お目当てはそのオーケストラなのか、指揮者なのか、曲目なのか。あるいは、場所やホールが目的ということもあり得ます。

お相撲の代わりは、ほかのスポーツ観戦なのか、あるいは、日本らしさを求めているというのであれば歌舞伎などをお薦めするのもいいかもしれません。それとも両国に行くついでにお相撲を観たいと思っていらしたのなら、両国の近くで何かほかに楽しめるものはないか。代替案をたくさん出すことではなく、何がこの方のご希望にヒットするのかを探りあてようと思いをめぐらせます。

「私はこんなにたくさんほかのアイデアを思いつきました」ではなく、「あなたにぴったりのアイデアはこれです」を提示できなければホスピタリティにはなりません。

どんなときも、あくまでも主体はお客さまです。

柔軟に考え、自分がしてさしあげたいことをするのではなく、お客さまの気持ちに沿いながら、思いつく限り、相手がしてほしいことをする。

そして、「義務だから」「仕事だから」ではなく、「自分がほめられたりお礼をいわれることがうれしいから」でもなく、お客さまが喜んでくださることが、自分の喜びになるのです。

オーダーメイドの服がしっくりと肌になじんで着心地がいいように、お客さまの気持ちにしっくりと合う、心地いいアイデアを提供する。

そんな代替案で、最初の要望がかなえられなかったお客さまの「がっかり」した気持ちを新しい「わくわく」に変えるのです。

「まあ、いいか」と思ってしまうところに落とし穴が

野外イベントがあるという情報を得たとします。

「何時からどこで、どのくらいの時間、開催されるのか。どうすれば入場できるのか。雨が降った場合はどうなるのかを調べておいたほうがいい」と思いついても、「小さなイベントだし、たぶんお客さまから聞かれないから、まあ、いいか」と思ってしまうところに落とし穴があります。

さまざまなイベントがあり、お客さまから問い合わせが来ないものが大半です。でも、使わないかもしれない情報でも、調べておかなければ後悔することになりかねないのです。

お客さまに聞かれたときに、「あのとき、調べておけばよかった」と思うくらい、悔しいことはありません。そして、聞かれてからインターネットで調べ始めるのは、コンシェルジュとしてなんとも格好悪い。常にスマートに接客すべきプロのコンシェルジュには「無駄な情報などひとつもない」のです。

自分に対しても他人に対しても誠実であること。そして、自分を客観視すること。

それを心がけて、何事にも左右されない、ぶれない自分をつくっておくのです。
とくに私たちは、相手の気持ちを読むのが仕事です。誠実さや客観性をなくすと気持ちの読み違いがおこります。

たとえば、お客さまから「〇〇〇を買いたいのだけど、買えるかな」と聞かれたとします。

そのお客さまは、たとえ遠くであっても、あるいは多少高くても、それが手に入るならば買いに行きたいのか。それともふとした思いつきで聞いてみただけで、時間や手間、お金がかかるならば別に買わなくてもよいのか。

それによって私たちの探す範囲、情報の伝え方も変わってくるので、お客さまが多くを語らなかったとしても、問い合わせ時の雰囲気や気配、ちょっとした言葉から判断する必要があります。

応対した人の報告が「たぶん、実際には買わないと思います」だったとしましょう。
では、その裏付けは、前後の会話の雰囲気や気配からそう感じたのか、買いに行く時間はあまりないようなことをおっしゃっていたからなのか。

コンシェルジュにとって勘は大事です。

でも、どこかに自分の都合や思い込みによる判断が入り込んでいたら、それは勘ではなく自分勝手な推量です。

常に誠実さや客観性を保ち、決まったスタンダードでものを見て、計ること。

そして、一日一日をなんとなく流してしまうのではなく、日々、「ぶれていないかな、思い込んでいないかな」と振り返り、さらに現状に満足をせず「ほかにできることはなかったかな」と考える。そういう積み重ねが、コンシェルジュとしての確かさ、信頼になっていきます。

お客さまには自信をもって接し、自分の仕事に対しては心配する

お客さまからの依頼を滞りなく貫徹させるためにもまた、先を読む必要があります。どんなことが起こりうるか、「最悪の事態」も想定し、不安要素があれば迎え撃てるように準備しておくのです。

たとえば、「何月何日に泊まるので、部屋にいちごを用意しておいてください」という依頼があったとしましょう。

その指定日が1か月先だったとしても、「まだ先の話だから、今、ルームサービスに頼まなくても大丈夫だな」と思うのは危険です。指定日の近くになってから伝えたのでは「いちごは季節物なので、上質なものはもう手に入らない」という事態が起こらないとも限りません。

お客さまから依頼が入ったら、お返事をする前に「何月何日にいちごをお部屋に用意するオーダーが入りましたが、準備してもらえますか」とルームサービスに確認します。

また、手配をお引き受けした後も、後日、お客さまから「例のいちごなんだけど、6個と頼んだけど9個にしてくれますか？」などといった電話がかかってくるかもしれません。

そこで、電話を受ける可能性があるオペレーターやフロントにも「こういう依頼をいただいている」ということがわかるようにしておきます。

お客さまにしてみれば、ホテルに依頼したのであって、それがコンシェルジュだろうがフロントだろうがオペレーターだろうが関係ありません。電話を受けた人が、「えっ、いちご？　何のこと？」とならないためのチーム内の情報共有です。

そして、指定日の数日前にまたルームサービスに「○○さまのいちご、３日後となりましたのでよろしく」と確認し、前日や当日朝に「いちご入荷していますか？　何時にカードとプレゼントと一緒にお部屋に届けてくださいね」とお客さまのご要望をくり返して念を押し、さらに指定の時間の後に「届けてくれましたか？　ありがとう」と最終確認とお礼をします。

ミスというのは、自分の仕事に安心し、自分たちの仕事を過信し、ふと気を抜いたときに起こるものです。

電話一本を怠って、お客さまのご依頼を貫徹できないのでは、プロの仕事とはいえません。こんなときも起こりうる事態に思いをめぐらし、とことん考え、それに備えて保険をかけておくわけです。

これは「ミスなく仕事をする」という〝守り〟のためではなく、自分の仕事をぎりぎりまで心配したうえで、「自信をもって接客をする」ためです。

もちろん、互いに信頼したうえでの確認ですから、電話を受ける側のルームサービスが誤解することがないよう、気を配ることも大事です。

相手が忙しそうな時間の連絡を避けることはもちろん、「しつこくてごめんなさいね。

手配してくれていると思いますが、お客さまがとても楽しみにしていらっしゃるので気になって」と、相手の仕事を信頼したうえでの確認であるということもわかってもらいます。

そのためには、日ごろから、ほかの部署に対しても同じチーム意識とホスピタリティの心をもって接し、いい関係をつくっておくことが大切です。

社外の人脈やネットワークを大事に育てるように、社内のほかの部署に対しても、自分たちが役に立てるときにはできる限りのことをして、パイプを太くしチームを広げていきます。

また、とくに用事があるときだけでなく、社内で顔を合わせたら、できるだけ話をします。

「この前のお客さまの件、じつは後日談があって……」というような、一見、雑談のような内容であっても、話の端々からお互いの人柄、考え方を理解できるようになり、人間関係が深まります。

先を読んで、起こりそうな問題も未然に防ぐ

先を読み、「最悪の事態」を考えて問題を未然に防ぐだけでなく、「問題が起こりそう」なことも事前に芽を摘んでおきます。

たとえば、海外からいらっしゃるお客さまから「日本に到着する日の夜、レストランにディナーの予約を入れてほしい」という依頼があった場合、その日の予約はお薦めできないと伝えることもあります。

国際線というのはときとして何時間も遅延することがあります。飛行機が遅れてレストランの予約の時間に間に合わなければ、お客さまは慌てることになりますし、店にも迷惑がかかるからです。

「いやいや、僕は午前着の便だから、飛行機が遅れることがあってもディナーにはきっと間に合うから大丈夫だよ」とおっしゃっても、もしかしたら「飛行機が飛ばない」というケースもあり得ます。

「まさかそんなこと」と思われるかもしれませんが、飛行機は気象状況にも影響されやすく、また機材トラブルなどによる安全確認にも時間がかかるので、「まさか」が起こる可能性は、なくはありません。

お客さまにはお食事を楽しんでいただきたい。

だからこそ、お客さまから依頼を受けたら、そのまま事務的に手続きするのではなく、前後の状況を思い浮かべ、問題が起こらないかを考え、それを未然に防ぐためにアドバイスをするのも私たちの役目です。レストランに対しても迷惑をおかけするような事態は極力避けなければなりません。


もちろん、それでもお客さまが「どうしても予約を」とおっしゃるのであれば、キャンセルをすることになった場合の料金などについて説明をし、了解をいただいたうえで予約をします。せっかくの日本でのお食事なので、何日かある滞在期間中にゆっくり楽しんでいただくことをお薦めします。

すべての依頼をお客さまのおっしゃるままにお受けすることが、かならずしも相手のためになるとは限りません。先を読んで、起こりそうな問題の芽を事前に摘んでおくことも、お客さまを思えばこその行動です。

「何を伝えるか」だけでなく「どう伝えるか」でお客さまを喜ばせ、満足度をさらに高めます

私たちの表情、声色、体の動きで、受け取る側の気持ちは変わる

私たちがお客さまの様子をよく観察しているように、お客さまも私たちのことをよく見て、敏感に感じていらっしゃいます。

だからこそ、自信がなさそうな態度は禁物です。

自分の表情、声色、話す速度、体の動かし方などは、相手にどういう影響を与えるかを理解したうえでコントロールをします。お客さまに「何を伝えるか」だけでなく、「どう伝えるか」もコンシェルジュが気をつけて、身につけておくべきことです。

緊急の困り事でお客さまがおろおろとしているのなら、その焦りをあおることなく、心を落ち着けていただけるように、あくまでも私たちは迅速に手配をしながらも、落ち着いた声で話をします。

あるいは、いかにも急いで出かけようとしている方から、「〇〇へはどう行ったら

いい？」と尋ねられたら、一緒にホテルの出口まで早足で歩きながら道順をご案内して、「行ってらっしゃいませ」と送り出します。

こんなとき、立ち止まって説明したとしても何秒と変わらないのですが、それでも「1秒でも早く出かけたい」というお客さまの急いだ気持ちに寄り添い、気持ちよく出かけていただくためです。

逆に時間に余裕のある方ならば、地図や写真をお見せしながら、ゆったりと説明をしたほうが安心なさる場合もあります。

また、旅のプランをお伝えするのなら、お客さまのわくわくした気持ちを共有し、こちらも楽し気にお話をする。そのほうが事務的に伝えられるよりも、旅気分が増すでしょう。

でも、これが分刻みのビジネスのスケジュールの話となれば、段取りよく簡潔に伝えたほうが、お客さまの気持ちに沿えたりもします。

いずれのケースもお客さまそれぞれによって感じ方が違うので、一概に「こういうときはこう」とは決められません。

しぐさや表情、声色や話す速度、体の動きも、私たちがお客さまに伝えている情報のひとつになっていると意識して、相手のリアクションを敏感にキャッチしながらきめ細かく使い分けるよう心がけます。

私たちはお客さまを喜ばせることが仕事なのですから、同じ内容を提供するのであっても、もっと喜んでいただける伝え方はないか、お客さまを笑顔にする話し方はないかと考えるのです。

グランド ハイアット 東京にお泊まりの外国人のお客さまたちは、非常にアクティブなビジネスマンが多く、昼もバリバリ働き、夜も意欲的に遊びに行かれる方たちで、楽しい会話を好まれます。

「ホットでクールなレストランに行きたい」といった、一瞬こちらが「ん？」と思うような言い方をよくなさいます。

でも、そこはひるまずに「ホットでクールでヒップでホップでしょ？　わかる、わかる」などと返します。これは単なる言葉遊びですが、ときとして、こんなリズムのいい会話で笑いが生まれ、親密度が増していきます。

先に「新卒でコンシェルジュになっても、なかなかお客さまと会話がはずまない」

と書きましたが、相手に失礼にならない兼ね合いを見計らいながら、ユーモアやウィットに富んだ話ができるのも、ある程度、社会経験や年齢を重ねればこそです。

だからこそ、コンシェルジュはキャリアを積んでいくことが楽しみな仕事でもあるのです。

言葉を使うときは繊細に、聞くときは敏感に

同じ内容を伝えるのでも、言葉の選び方によって受け取る側の印象は変わります。

たとえば、「あの場所は今日、混んでいます」というのと、「あの場所は今日、にぎやかです」では、同じく人出の多さについて伝えていてもイメージが違うでしょう。

せっかく出かけようとしている場所が「混んでいるから時間がかかる」のではマイナスのイメージですが、「今日は催し物があってにぎやかなので、時間に少し余裕をもってください」といわれれば、にぎわっていて楽しそうなプラスのイメージとともに「スケジュールをタイトにせずに行動したほうがいい」という予備知識を受け取っていただけるでしょう。

聞いた人がどういう印象を受けるかを考えて、同じような意味の言葉でも繊細に選

んで使います。言葉の力というのは本当に大きいのです。

だからこそ、お客さまの話を聞くときには、言葉だけにふりまわされないよう、気をつけなくてはいけません。

お客さまが「富士山に行きたい」とおっしゃると、直感的に「富士山に登りたいのだろう」と思いがちですが、そうではない場合もあります。

お客さまの「富士山に行きたい」は「風景として富士山を見たい」という意味だったりもします。それによって富士登山のご案内をするのか、富士山の眺めのよい場所を選んでさしあげるのか、提案する内容は変わります。

聞いたままの言葉にふりまわされず、じつは何をしたいのかという、真意を聞き出さなければなりません。

そこは詰問にならないよう、「少し遠出をするのには絶好の日よりですね」などと話をしながら、「ところで、富士山に登るおつもりですか？　それとも眺めたいのですか」とさりげなく会話を進めていきます。

言葉だけで判断してはいけない例としては、こんなこともあります。

これはとくに日本人のお客さまに見られることですが、人に心配をかけさせまい、手間をかけさせまいという意識が働くのか、「大丈夫、大丈夫」とおっしゃる方が多くいらっしゃいます。でも、実際には全然、大丈夫ではないことも少なからずあるのです。

「本当に大丈夫ですか？」と念を押すのは失礼かつ野暮でしょう。言葉の端々や表情で、じつはどうなのかをさりげなく読み取っていきます。

言葉を使うときには繊細に。

そして、言葉を聞くときには、言葉に隠されたり含まれたりしている真意を敏感に感じ取り、想像することを、私たちは大切にしています。

相手の思考や気持ちが追いつくように段階を踏む

あるとき、グループに付き添っているツアーコンダクターから、「長旅で荷物が増えたお客さまたちが、それぞれスーツケースが必要になった。同じスーツケースを20個買いたい」という依頼が来ました。

私たちがとっさに考えるのは、スーツケースのようなかさばるものの場合、1軒の店で同じものを20個在庫していることはほとんどないので、世の中に多く出まわっていそうなモデルを探し、何軒かの店に問い合わせをしなければ……ということがまずひとつ。

それと同時に、今後の旅行中、20個同じスーツケースがホテルのロビーや空港に並んだとき、どれが誰のものかがわかりづらくツアーコンダクターさんにとって不便ではないか……ということがもうひとつです。

でも、いきなり「20個同じでいいですか。不便ではないですか」と切り出しても、「20個同じものを用意しなければ」と思っている相手の心には響きません。

たとえば、天ぷらの料理店を予約しようと思って、「天ぷら、天ぷら」と思っているときに、いきなり「イタリアンはどう？」といわれても、気持ちが「天ぷら」に固まってしまっていて、ほかのアイデアはなかなか受けつけがたいものではないでしょうか。いわばそんな感じです。

まずは「お探ししますね」と共感し、自分の依頼が受け入れられたという安心感を抱いていただいたうえで、次のステップとして「ところで、お客さま全部が同じものだと、区別がつきづらくて不便にならないでしょうか」と段階を踏んで話をしていきます。

私たちは仕事上、常に先を読んで想像しますが、相手の思考や気持ちのペースで話をしていかなければ、事はスムーズに進みません。

思考は先まわりをしていても、会話は先まわりをしない。

こんなときも、相手の側に立って、相手の気持ちで考えて話を進めていきます。

相手が腑に落ちる説明、相手を主語にした会話

同じような話として、お客さまから「このレストラン、どこ？」と聞かれたら、まずは「どこ＝場所」を答えないと会話はうまく成立しません。

きっと行き方を知りたいのだろうと先まわりをして、いきなり「ホテルの入口を出て左に行って、〇〇という交差点を右に曲がって」と道順を説明しても、質問してきた人は、自分の質問の答え以外を急には受け入れられず、混乱してしまいます。

そして、道順の説明を全部聞いたあとに「ところでどこなの？」ということになりかねません。

これが、「このレストランにはどうやって行くの？」と聞かれたのなら、交通手段

や道順から説明されると理解しやすいので、会話の妙とでもいいましょうか。相手の気持ちに共感して、相手が腑に落ちる会話の組み立て方をする。こんな配慮でご案内の質は上がります。

また、「このレストラン、どこ?」という質問を受けて、場所や道順をお答えしながら、「この店は今日、定休日」だと思い至ったとします。もちろんお伝えしなくてはいけません。ただし、伝え方にひと工夫が必要な場合もあります。

いきなり「今日は定休日ですよ」といったのでは、「行くのは明日だから、関係ないよ」と人によっては余計なお世話だと思うかもしれません。

たとえば、「お客さま、いついらっしゃるんですか?」と聞けばどうでしょう。その答えが「明日だよ」だったとしても、「それはよかった、今日は定休日なのでどうかと思ったんです」とか、「明日ですか。予約を入れておきましょうか?」と話を展開していけます。

これは一種の会話のコツになりますが、できるだけ相手を主語にするように気をつけます。

「その店は今日、定休日です」と切り出すのではなく、「あなたはいついらっしゃるのですか？」と話を進めていきます。気を遣ったほうがいい会話では、相手を主語にする。

そうすれば、同じ内容を話していても、受け取る側の印象が変わり、気持ちのよい会話になります。

お客さまの名前やエピソードを会話に活かす

お客さまの名前はできるだけ覚えて会話に活かします。

いち個人として覚えてもらっているというのは、お客さまにしてみれば決して悪い気分にはならないでしょう。

でも、お客さまの数は膨大なので、存じあげているお顔でも、なかなかお名前が思い出せないこともあります。コンシェルジュの場合、名前は出て来なくても、エピソードを覚えている場合も多いので、これを活用します。

「エピソードから人物検索ができるファイル」をつくってあるのです。

たとえば、この方はラーメンが大好きとか。お嬢さんへのお土産に浴衣を買われたとか。日本に来るたびに帰りは何時の成田エクスプレスに乗られるとか。前回いらしたときに風邪をひかれたとか。

エピソードのキーワードをインプットすると、その主人公が出てきます。

「えーと、ラーメンがお好きな方、いつもラーメンの問い合わせをくださるお客さま」とさりげなくパソコンで検索をして、「ミスター○○、ようこそまたいらっしゃいました」とあいさつを交わしたり。

あるいは、「○○さま、この前の浴衣のお土産はお嬢さまに喜んでもらえましたか？」と名前とエピソードを会話に活かしたりします。

そうやって、その方のエピソードは、問い合わせや依頼があるごとに蓄積されていくので、会話の幅も広がり、親密度も増していきます。そして、その情報をチームで共有していることで、このホテルはどのコンシェルジュも自分のことを知ってくれている、頼りにしていい味方なんだと感じていただけます。

そんな積み重ねによって、信頼が得られれば、「君がいうなら、その店にしよう」「君がいうなら、そのプランにしよう」とこちらからの提案も受け入れられやすく、話がしやすくなっていきます。

そしてまた、今回の提案に対する感想をうかがうことで、その方の嗜好がさらにわかるようになれば、以後の提案にも活かせます。

次へ、そしてまた次へとつなげていくためにも、お客さまの名前を覚え、エピソードを増やし、定宿の心地よさを味わっていただきます。

品位ある言葉遣い、礼儀正しい態度は基本

グランド ハイアット 東京は外国人のお客さまが多いので、私たちが接客の会話で使う7割は英語です。そのため、英会話がさびつくことはありませんが、いい加減な言葉やいいまわしを使っていることがあります。

きれいな言葉は、コンシェルジュとしての品位と考え、仲間同士でお互いに注意し合います。

軽妙な会話を好まれるお客さまとは、言葉遊びのようなやり取りもしますが、それも節度をわきまえていればこその楽しみです。親密度は大切にしますが、あくまでも友だち同士の会話とは一線を画したものです。

英字新聞などを読んで、最近のトピックスにまつわる専門用語なども覚えておけば、

海外のお客さまとの会話の内容も深まります。

日本語に関しても同じです。言葉というのは変化していくもので、今や「ら抜き言葉」が世の中では当たり前のように使われています。

でも、私たちのような職業の場合、それを聞いて「変だ」「おかしい」と思う人がいらっしゃる間は、新しい言葉は使ってはいけないのではないか、最後の最後までクラシックな言葉を使うべきではないかと心得ています。

そのためには読み書きを含めて、チームの中で、互いの言葉を確認し合う習慣をつけます。とくに母国語にはより細やかな心配りをしたいものです。

また、礼儀正しさについてももちろん日ごろから意識をしておくべきです。

事務所などで、上司が立っているのに部下がドカリと座ったまま話している様子などを見ると、違和感を覚えます。いくらお客さまの前ではないとはいえ、あくまでもここは職場であって、家ではありません。品位ある言葉遣い、礼儀正しい態度は、コンシェルジュのみならず、接客をする人間にとっては基本です。

ホテルという空間において、どんなふうに接してもらうことがお客さまにとって心地よいことか。そのことを常に意識していれば、おのずと背筋もスッと伸びます。

第2章

現状維持のチームではなく、進化し続けるチームであるために

まるでひとりの優秀なコンシェルジュが24時間いるような安定感を目指しています

個々の力を伸ばすのにはタイミングがある

ホテルは365日24時間動き続けていますから、とても優秀なコンシェルジュがひとりいたとしても、その人が休みなく常に接客するのは到底、無理なことです。そこで取り組んできたのが、個々の力を連携させ、まるでひとりの優秀なコンシェルジュが24時間立っているような安定感のあるチームづくりです。

個々に力のあるコンシェルジュがチームとなってつながれば、さらに力が発揮できる。お客さまが「今日は、あのコンシェルジュがいたから、満足できる情報が得られた」とか「いなかったから、提案の内容が今ひとつだった」と感じることなく、「いつ行っても変わらず最上級の応対が受けられる」と信頼してくださるチームができれば盤石です。

そして、ホテルを選ぶときに「コンシェルジュが頼りになるからあのホテルにしよう」と思っていただけたら、価値あるコンシェルジュチームといえます。

まるでひとりの優秀なコンシェルジュが、24時間立っているかのようなチーム。それはメンバーのひとりひとりが、第1章で書いたように新人のときからプロ意識を身につけ、さらなる磨きをかけていく意識があってこそ実現できます。

そのためには、チームを率いるリーダーが、人を育てることに興味をもち、お客さまひとりひとりをよく見るのと同じように、メンバーのひとりひとりをよく見ることが必要でしょう。そして、彼や彼女がいきいきと仕事をしながら進化できるように導き、メンバーが連携して力が発揮できる環境をつくることもリーダーの責任だと考えています。

コンシェルジュというのは、少しずつ力が伸び続けていくというよりも、あるとき急に伸びる時期がある仕事のようです。

それぞれの段階で、ある程度自信がついて余裕が生まれ、自分の中に引き出しも増え、対応のし方や気のまわし方も身についていて、それらすべてが熟すときがあるのでしょう。見違えるように仕事の質が高くなり、接客もいきいきとしているので、お客さまからもいい反応が得られ、本人も仕事がおもしろくなっていきます。

ところがまたしばらくすると、伸び悩み、停滞します。なんとなく仕事が無難な感じに縮こまってしまう。自分のもっている力の範囲で仕事をまとめようとするようになります。

それぞれの段階なりに接客の楽しさもわかれば、怖さもわかるのかもしれません。ここで次の一歩を踏み出せるか、次のステージに上がれるかは本人の意識にかかっています。


お客さまの依頼や要望に対して、とりあえず合格点の仕事をし、お客さまは満足している。でも、「なぜ私の気持ちがわかったの?」「こんなアイデアもあったの?」と驚いてはくれていないし、この人に頼んでよかったとも思われていない。

それでは普通のコンシェルジュ。あるいはコンシェルジュの仕事にさえなっていないかもしれません。

私たちが目指しているのはその先です。成長し続けなければいけません。そのためには冒険もまた必要になります。

大人というのは、人からいわれただけではなかなか自らを変えることはできません。

自分で気づき、腑に落ちてこそ、はじめて殻を破り、前へ進めます。

仲間たちと接していて、〝伸びしろはまだまだあるのに停滞している〟と感じる人がいれば話をし、共に考え、自分に足りないものに自ら気づくよう手助けすることを心がけます。

こんなふうに誰かから背中をポンッと押されることで、一段、ステップを上がれることもあるのです。

無難な仕事ではなく、新たな挑戦をする勇気を

東京の観光としてあの場所をお薦めすれば間違いはない。たぶん満足はしていただけるだろう。

でも、お客さまの趣味嗜好をうかがっていると、最近情報を得て見てきたばかりの別の場所がぴたりと合う気がする。満足以上の感動を味わっていただけるかもしれないと、接客をしながら思ったとします。

さて、手堅い提案をするのか、今までやったことがない新たな提案を試みるか。

無難な道を選んだほうが、冒険をするよりもはるかに気は楽です。

でも、時代はどんどん動き、お客さまの求めるものも常に変化をしているので、自分たちは現状維持をしているつもりでもじつは遅れていくばかりです。

昨日の１００点は、もう今日の１００点ではありません。新たな１００点を取りに行かなければいけません。

それに、昨日より今日のほうが上手になった、自分は前に進んでいるという実感が得られなければ、仕事におもしろみも感じられなくなるでしょう。だから、立ち止まっているわけにはいかないのです。

チームのメンバーとは、「『成功するかどうかわからないけれど、とりあえずやってみよう』という試みはしてはいけない。お客さまを練習台にするようなことはあってはならない。でも、お客さまが喜ぶはずだと確信がもてるならばチャレンジしてみましょう」と話しています。

もし、その結果、予想しただけの満足を得られなかったとしたら、かならずチームで知恵を出し合い、フォローし、挽回するからチャレンジしようと。

勇気をもって一歩を踏み出さなければ、進歩も成長もないのです。

新たな冒険をするときは緊張もするでしょう。

でも、今までにない提案をしていくために、地道な情報収集を重ねているのです。そのことに自信をもち、自分が相手にどう見えているか、説明がどんなふうに聞こえているかに配慮をしながら話をします。

いかにもチャレンジしています、という感じではお客さまも不安になります。緊張している様子が伝わって、こちらの話に対して疑心暗鬼になってしまうでしょう。

せっかく「あなたのためにぴったりのアイデア」を選りすぐったとしても、伝え方ひとつでそれは台無しになってしまいます。

何をどう伝えるか。心の中はどうであれ、それをコントロールして、スマートなコンシェルジュを演じきるのもプロフェッショナルの仕事です。

その結果、今回の新たな提案が、お客さまにとってどうだったのか。

それは、お客さまが私たちのところに立ち寄って感想をいってくださったり、客室のメッセージカードや宿泊後のメールアンケートなどに書いてくださらなければ、なかなかわかりません。

ロビーでお目にかかれば「いかがでした？」と声をかけますが、それきりお会いできないことも少なくないのです。

だからこそ、「やあ、また来たよ」と次の宿泊や利用につながったとき、何かしらの満足を提供できていたのだと、自信をもつことができるのです。それは、どんなにうれしいことか。

いつも「今日の自分で十分」と満足せず、一歩前に進もうと努力していればこそ味わえる喜びの瞬間です。そして、こんな喜びもメンバーみんなで共有することで、チーム全体の意欲も高まっていきます。

日ごろの信頼関係があればこそ、挑戦できる環境になる

今までやったことがない冒険にはリスクがつきものです。

「お客さまのためと思って提案したけれど、失敗してしまった」ということが起こらないとも限りません。とくに人間を相手にしている仕事ではいつだって「絶対の成功」の保証などないのです。

それでも「現状維持のチーム」ではなく、その先を目指すなら、チームを率いるリー

ダーには単に挑戦を促すだけでなく、それができる環境づくりをしておくことが求められます。

「なんでそんなことをしたの。お客さまにお詫びをしなければならないじゃない」とリーダーからいわれるような環境では、挑戦する意欲は失せ、無難に合格点をとれる道を選んでしまいます。それどころか、感情をぶつけるようなとがめ方をされたのでは、いい逃れをしたり、失敗を隠すようにさえなるでしょう。

日ごろから、チーム内の信頼関係を築き、トラブルも、ミスも、そして、喜びも報告し合い、共有できる環境にしておきます。

私が心がけているのは、「いつも具体的にほめる」ことです。

コンシェルジュは、お客さまからほめられたり、お礼をいわれることを目的として仕事をしているわけではありません。でも、人間誰しも、自分の仕事を誰かが認めてくれたらうれしいものです。

「今、お客さま、すごく喜んでくださったわね。これから出かけてホテルに戻られたら、きっとまたここにいらっしゃるわよ」、「ほらほら、いらしたでしょ」。

そして、どうしてお客さまがあんなに笑顔になって帰っていらしたのか、何がどうよかったのかについて、一緒に考えます。彼や彼女が「なぜそうしようと思ったのか」を聞き、できるだけ具体的に話し合うと同時に私の考えも伝えます。

そうすることで、その人は、お客さまや上司にほめられたことがうれしいだけでなく、次にまた同じような要望や依頼がきたときに、その「よかったこと」を活かせるようになっていきます。もちろんそれはチーム全体にとってもうれしいだけでなく、ひとつの財産になるわけです。

仕事を次々と流していくのではなく、よかったとき、もちろん悪かったときも、「なぜそうしようと思ったのか」「なぜそうしてしまったのか」「そのどこがよかったのか、悪かったのか」を立ち止まって共に検証することで互いに力がついていきます。

また、もっと小さなことでも、たとえば何かをしているときに、必要になりそうなものをサッと出してくれただけでも、「よく気がついたわね。今、それがほしいと思っていたのよ」と言葉にします。

ほめるほどのことではないとしても、「いいね」と思ったらすぐにいうのです。

それによって、気のまわし方の一種のトレーニングになりますし、それだけでなく、自分が人からほめられると、その人が今度は人をほめるようになるからです。

いつもほめていれば、肝心なときに注意ができる

コンシェルジュチームにはある程度、キャリアを積んだ人間が集まることもあって、ほかの部署から見ると「おねえさん・おにいさんチーム」です。

仕事柄いろいろと気づくことも多く、新しいメンバーに指摘したいことやアドバイスしたいこともたくさん出てきます。でも、いきなりそれをいったのでは、文句ばかりいう嫌なおねえさん、おにいさんになってしまいます。

それよりは、まずは「いいね」といえる人になりましょう。

コンシェルジュのチームがいくらいい仕事をしようと心がけても、ほかの部署のいい仕事と連携しなければ空まわりするだけで、ホテル全体として力を発揮することはできません。

「また行きたい」「また泊まりたい」と思っていただけるような上質なホスピタリティを提供するためには、ほかの部署のメンバーたちのモチベーションを上げ、気持ちよく仕事をする環境をつくることも「おねえさん・おにいさんチーム」の役目です。

だからほめることが必要になるのです。それも意味なくほめるのではなく、的を射

た〝先につながるほめ方〟を工夫します。皆が成長していくことが目的です。そして、そのように普段、ほめることを心がけて、いい関係が築けていれば効果的な注意もできるのです。

ただ文句をいう人ではなく、ひとりの個人として自分のことを認め、いいことも悪いことも含めていつも見てくれている人の言葉には耳を傾けるものです。そしてさらには、何かトラブルを起こしてしまったときにも隠さず話をしてくれます。

自分のプラスの面を知ってくれている人には、マイナスの報告ができる。日ごろからの「いいいね」の小さな積み重ねが、風通しのいい環境をつくります。

後輩のいいところを見つける努力は、先輩メンバーにとっては大きなトレーニングになります。

また、たとえキャリアを積んでいても、後輩や新人の仕事ぶりや仕事の仕方をよく見ていれば、「なるほど、そうすればいいのか」と教えられることもたくさんあります。

常に学ぶ意欲をもち、「誰からでもいい仕事は盗んで、自分のものにしよう」と思っている人は、キャリアに甘えることなく進歩していきます。

トラブル未満のことでも、報告できる関係に

チームのメンバーとは、「うまくいかなかった気がしたとか、失敗したかもしれないと思ったら、すぐに報告をしましょう」と話しています。

勘違いから起こったミス、不手際から起こったトラブル。当事者にしてみればうれしい報告ではありませんが、後手にまわれば傷口はどんどん広がります。

「お調べするのに時間がかかってしまい、お客さまが『早く、早く』とおっしゃっていたので、機嫌をそこねていらっしゃるかもしれません」

こんな、トラブル以前のことでも、その段階で知っているか知らないかで、あとあと大きな差が生じることがあります。

お客さまがどんな様子だったのか状況把握をし、チームでそのことを共有しておきます。最初に応対したメンバーがいなくても、誰もがそのことを知っているようにするためです。

そして、もしそのお客さまがまたコンシェルジュデスクへいらっしゃったならば、「先ほどはお調べするのに時間がかかってしまいまして……」とこちらから先に話を

切り出します。

どんなときも、相手の側に立って、相手の気持ちで考える。

お客さまがそのことについてとくに不満を感じていなかったとしても、私たちが常に気にかけていることが伝われば、悪い印象にはなりません。


また、不愉快に思っていらっしゃる場合であれば、こちらから何も申しあげなければ、「こちらから文句をいうまで気がつかなかったのか」と思われてさらに不快感が増します。


クレームというのはときとして、最初の不満や不信感への理解や対応が不十分であったために、怒りが怒りに油を注いで火が大きくなっていくことがあります。

すでに嫌な思いをさせてしまっているのですから、その不信感や不愉快を増幅させないうちに、少しでも早くお客さまの嫌な気分を取り除いてさしあげなければなりません。

トラブルになるかもしれないことに対しても、常にチームとして敏感であること。

そして、どんな小さなことでも早い段階で報告でき、共有できる環境が、チームとしての接客の質を向上させます。

ミスをミスで終わらせず、次の成長につなげる

「お客さまからレストランの名前をいわれ、場所を聞かれたのですが、名前が似ているほかの店とすっかり勘違いをしてご案内してしまいました」

あってはならないこんな勘違いも、起きるときには起きます。

こういうときも、応対したメンバーが気づいて報告があれば、お客さまがホテルに帰っていらして「違っていたじゃないか」とおっしゃる前に、少しでも取り返すために動き出せます。

まずは何が起こったかの状況把握をし、コンシェルジュチーム内はもちろん、お客さまから電話がかかってくるかもしれないのでオペレーターやフロントにも情報を共有します。

間違えて伝えてしまったレストランには、こういうお客さまがいらしたら連絡をいただきたいとお願いし、そのお客さまがもしそこで食事をなさるとおっしゃった場合、席が取れるかを確認します。

と同時に、本来、お客さまがいらっしゃるつもりだったレストランに予約が入って

いるようであれば、お客さまが遅れるかもしれない、あるいはキャンセルになるかもしれない旨を連絡します。

そして、お客さまと連絡がついたら事情を説明し、お詫びを申しあげるだけでなく、どちらの店でお食事をなさるにしても、ご迷惑をかけてしまったことに対する私たちの申し訳ない気持ちを伝え、少しでも楽しんでいただけるよう、何ができるかを考えます。

もちろん、ご迷惑をかけた両方の店へのお詫びも必要です。

とはいえ、いつも先手が打てるわけではありません。

お客さまがホテルに戻ってこられるまで、間違えたご案内をしていたことがわからない場合もあります。そんなときには、お客さまのホテル滞在期間中にいかに挽回するかを考えます。

何かお好みがわかれば、気持ちを伝えるものをお部屋にお届けしたり、滞在中に同じレストランの席をご用意するなど、がっかりさせてしまったお気持ちを少しでも埋め合わせられるようアイデアを練るのです。

いずれにしても、こんな事態が起こったときには、ミスをした本人とともにチームで一緒に問題解決をします。

こういうことはどうやって解決されていくのか、不満を抱いているときのお客さまの気持ちはどう動いていくのか、こちらのひと言が相手にどういう影響を与えるのか。学ぶことはいろいろあります。

お客さまに対してどういう形でフォローするかも、メンバーに「あなたはどうするのがいいと思う？」と意見を聞き、考えをめぐらすように促します。

これもチーム全員が〝信頼〟の意味を考え直し、力をつける機会です。

なぜそんなことが起こったかの原因究明も大事です。情報整理の仕方に問題があったのか。確認が足りなかったのか。メンバーの誰かに仕事に集中できない何らかの事情があったのか。

原因を見つけ、対策を講じる。

失敗したら、何かそこから吸収しなくては「失敗したこと」だけが残ってしまいます。マイナスの経験をプラスに変えられるよう、次に活かせる何かをかならず見つける努力をします。そういったことをチームみんなで行なうことで、考え方や、仕事に向き合う姿勢が少しずつ統一されていくのです。

「私たちは今、怒られる担当」だと理性で判断する

機嫌の悪いお客さまと相対するのは、決して気分のいいものではありません。自分が引き起こしたことならば、お話を素直にうかがって今後気をつけることもしやすいのですが、ホテルではどの部署にもさまざまな苦情が届きます。

ことにロビーでは、お客さまのどんな話もお受けし、さまざまなご意見を聞かせていただく機会も多くなります。

クレームの場合、お客さまが感情的になっていることもあれば、お酒を召し上がっていて言葉遣いが乱暴なこともあります。

新人は怒鳴られて怖くなり、お客さまの言葉が耳に入らなくなってしまったり、いわれていることはわかっても、気持ちの理解にまでは及ばなくなることもあります。

そんなときも、できるだけ最後まで対応するのがプロとしての務めですが、かならず誰かしら先輩のメンバーが近くで見守ります。少しでも安心できるようにという配慮とともに、場合によっては話に参加する、または交代できるようにという準備です。

そして、最後まで対応し遂げたときも、感情を乱して対応しきれなかったときも、

そのメンバーに対しては、まずは「大変だったわね」と気持ちに寄り添い、共感します。普段と違う対応で多大なストレスがかかったことは事実だからです。

とはいえ、「よく頑張りましたね」と終わらせるわけではありません。

接客では、どんなときでもセルフコントロールができることも重要な仕事です。プロとして平常心を保った応対ができて当たり前。もちろん涙も禁物です。

今回、感情を乱し、うまく乗り切れなかったとしたら、次にまた繰り返さないために成長しなければならない。そのために話をします。

クレームというのは、大事なことを教えてもらえる機会であること。また、お客さまは別にあなたを怒っているわけではない、あなたの人格を否定しているわけでもない、たまたまあなたがお話をうかがう係で対応にあたったということ。ホテルに対して怒鳴りたかったのであって、あなた個人を怒鳴ったわけではない。そして、肝心なことは、お客さまは何かを求めているはずだということ。何を求めていらっしゃるかを会話の中から探り、理解することが、あなたの仕事。

ここのところをわかってもらうように話すのです。

次に同じようなことがあっても、「あっ、怒鳴られちゃった、どうしよう」ではなく、「私はこの方のお気持ちを受け止め、ご指摘をうかがう係。挽回のチャンスをいただく窓口なんだ」と理性をもって判断し、気持ちをコントロールできるようになっていくためです。

ただただ「怒鳴られた嫌なできごと」として後味が悪いまま終わらせてしまわないよう、ここでも経験を成長の糧にしていくようにします。

接客に響かないよう、注意をするタイミングを見計らう

クレームの対応の際にお客さまの前で平常心を保てず仕事を全うできなかったことに対して、本人がプロとして恥ずかしかったと感じていれば、もうそれ以上、深追いはしません。

でも、「怒鳴られてかわいそうな私」に浸っているようであれば、「それは違う」という話をします。

とはいえ、むずかしい対応直後にそんな話をしても、気持ちがさらに落ち込み、以後の接客がボロボロになってしまいそうであれば、話をするタイミングを見計らいます。

部下に甘い上司であろうとして、そうするわけではありません。きちんとした接客

ができなければ、仕事にならないからです。

ホテルマンひとりひとりの精神状態は、そのまますぐにお客さまに伝わります。各々が１００パーセントの力を出すことができてはじめて、お客さまに喜んでいただける。そのためには、誰ひとりとして悪い状態に追い込むわけにはいきません。彼や彼女が機嫌よく、いい状態で接客できることが大事なのです。だから、注意するタイミングにも思いをめぐらせます。

そして、注意をするにしても、感情的な叱り方はしません。

感情的な物言いをされては、「叱られた感」ばかりが強く残り、その人の進歩にはつながらないからです。人というのは本当に自分が納得したことしか身につきません。「叱られて嫌だった」で終わらず、本質に真に気づいてもらうことが大切です。そして、メンバーそれぞれが成長することが、チームの進歩になります。

また、タイミングを見計らうケースとして、たとえば同じカウンターで接客をしている仲間の対応が今ひとつお客さまにご満足いただけていないと感じたときの補佐があります。そんなときでも、会話に下手に入り込めば、お客さまのその人に対する信頼を失いかねません。

今、ここでいっておかなければお客さまに迷惑がかかるという場合は、それでもどのように上手に入り込むかを考えます。

でも、そこまでのことでなければ、接客が終わったあとに「今どうしてそうしたの?」と尋ねてから、「こうしたらもっとよかったんじゃない?」と話をします。

ひとりのコンシェルジュに対するお客さまの信頼を失うことは、チーム全体への信頼を失うこと。そういう意味でも注意をするタイミングには繊細な配慮が必要だと考えています。

新人でも遠慮せずに意見をいえる職場

後輩に対して注意をするタイミングを見計らうことはありますが、逆に後輩から先輩や上司に対しては、いつでも意見や質問ができる環境であるよう心がけています。

たとえば、長年、当たり前のように社内で使っていた紙の書類について「ネット環境が整備されている今、この書類は省けるのでは……」といった意見が出てきたことがありました。

その書類があることが当然になっているキャリアの長いベテランではなく、フレッシュな視点をもつ新人だからこそ気づくことだったりもします。

そんなときに「こんなことをいって僭越ではないだろうか」などと躊躇や遠慮をすることなく提案できる環境が、チームを活性化させます。だから、チームのリーダーは何に対しても「聞く耳をもつ」ことが大切なのです。

そういった書類の中には一見、不要だと思えても、なくてはならない書類もあるでしょう。そうならば、「省いてもいいのでは」という提案があったことによって、「省けない」理由をチーム全体が再認識するいい機会にもなります。

あるいは、提案通りに不要なものであれば、書類の廃止に向けて、社内の各部署と連絡をとり、調整するのがリーダーの役目です。

「お客さまのために〇〇をコンシェルジュデスクに用意しておくといいのでは……」日々、気づいたことをすぐにいえる環境が、お客さまへのホスピタリティの向上にもつながります。

常に機嫌がよく、ポジティブな発想ができるそんな人が集まっているチームこそ上質です

セルフコントロールも仕事のうち

常に機嫌よくいる。平常心でいる。

これは、接客をする人間にとっては仕事のうちだと思っています。

チームに何となく気分が落ち込んでいる人がいれば、「ほかのことを考えていると危ないですよ、考えるのはあとにしましょう」と声をかけます。

人は、落ち込んでいるときにつまらないミスをするものです。

何かミスをして「ああ、今日はダメだ」と思いながらお客さまの対応をしていると、笑顔が曇っていい接客ができないだけでなく、しなくてもいい別のミスをして二次被害を引き起こします。これは、自分のことがきちんと見えていない、コントロールできていない状態です。

ミスは、あっさり忘れてはいけませんが、ただ落ち込んでも意味はありません。少

なくとも仕事中はそのことを置いておいて、くよくよ考えるのはあとにしなければいけません。

普段からメンバーと密な関係を築いていれば、「その状態だと危ないわよ」の一言で、「あっ」と気づいてくれます。


落ち込んだときにどう立ち直るかは、本人の課題です。

ヨガのポーズをして心を落ち着けるとか、歌を歌って気分を盛り上げるとか、自分なりの方法をもっている人もいます。

「小さいころ機嫌が悪いときに、あなたはこんなふうにしていたわよ」と家族から聞き出し、ライナスの毛布ではありませんが、何かお守りのようなものを見つけてくる人もいます。

残念ながら、私には特別な方法もお守りもありませんが、あえていうなら「私はプロなのだから」というプロとしての誇り、プロとしての意地が、支えになっています。

プロなのだから格好悪い接客をするわけにはいかない。そう頭で処理をしてセルフコントロールをしています。

コンシェルジュだけでなく、接客をする人間は、お客さまの前で機嫌よく、平常心でいるべきというのは最低限のルールです。

でも、私は、お客さまの前だけでなく、お客さまには見えないところ、たとえば事務所などにいるときも、セルフコントロールをするべきだと思っています。

不機嫌はまわりに伝わります。周囲の人を不愉快にさせてしまうことで、その人たちの接客に影響をおよぼす可能性もあるのです。

仲間に対してもホスピタリティの心をもち、その人たちにも気持ちよく接客をしてもらう。そのことがひいては、お客さまに対するホスピタリティになるのです。

接客の仕事というのは目の前のお客さまのことだけを考えていればいいわけではありません。

自分の行動がどのような影響を与えるのか。先まで見通して行動できるのが、プロだと思っています。

発想の仕方ひとつでポジティブになれる

チームでは、日ごろから、「できるだけプラスに物事をとらえるくせをつけるようにしましょう」と話しています。

よくいわれることですが、コップの中の水が「半分になってしまった」ととらえるか、「まだ半分残っている」ととらえるかで、同じ状況でも気分は変わります。

プラスの面から物事をとらえるトレーニングをし、少し能天気なくらいに構えていたほうが、ゆとりをもってお客さまの応対ができます。


ずいぶん前の話になりますが、アメリカ人のお客さまから「20年ほど前にぼくの家の隣に日本人が住んでいたんだ。その後、日本に帰ったのだけれど、久しぶりに会いたいので探してくれないかな」といわれたことがあります。

その方は、住んでいた市と苗字がわかっているのだから見つけられるだろう、くらいに思っていた節がありますが、「お名前は？」と聞くと、「鈴木」との答えです。

これには思わず吹き出してしまいました。

「鈴木というのは日本人に最も多い苗字のひとつなんですよ」というと、彼も笑いだしました。「それじゃ無理だね」とあっさりおっしゃるお客さまに、もちろん「探してみましょう」と申しあげました。

さて、名前以外の手がかりは何かないか……。

「性別は女性、男性?」と聞くと、「男性」。

「なるほど、これで半分に絞れましたね」

別に男性だとわかったことで探し出せるとは思っていませんが、要するにこういうとらえ方をできるように、日ごろからトレーニングするのです。

そうすれば、お客さまから「今日、ここの店に行きたい」といわれ、定休日だったとしても、「そこは休みですが、もうひとつのお薦めのこちらのお店は開いています」とか、「明日だったら開いています。ご滞在はあさってまでなので行けますね」とプラスの提案にしていけます。


あるいは、お客さまから「〇〇を6個探してほしい」と頼まれ、手をつくして探して、見つけられたのが5個だったとします。

当然、「6個なければ意味がない」という場合もあるでしょうが、そうでなければ、「5個しか見つけられませんでした」といわれるより、「5個は見つかりましたよ」といわれたほうが、お客さまも「おおっ、見つかったか!」とうれしくなるでしょう。

「どうとらえるか」に加え、第1章でも書いた「どう伝えるか」で、同じ状況でもお客さまを楽しい気分にできるのです。

お客さまから探してほしいといわれたものが、日本に「ない」ものだとわかることも、「ありがたい情報」だととらえます。

たとえば、「それは日本に輸入されていない」とか、「新しい商品でまだ世の中に出まわっていない」ということが早い段階でわかれば、探し続けることに時間を使わず、すぐにそのことをお客さまに伝えて、次のことを考えられます。

「ない、困った」ではなく、「今は買えませんが、今度いらっしゃるときまでに買っておきましょうか」といった先の提案をする。

これも「どうとらえるか」と、そのうえで「どう発想を転換するか」です。

けれど、発想の転換ができるのは、プラスに物事をとらえる一方で、冷静に先を読み、「最悪の事態」についても常に考えているからです。

頼まれた探し物がなかった場合はどうするか。レストランの予約が取れなかったらどうするか。

「最悪の事態」を想定しておけばこそ、代替案を考え、作戦を練ることができます。

そして、こんなふうに次の一手の用意も始めているからこそ、能天気に構えられる、ということもあります。

私自身は、さほど根が明るい人間ではありません。すぐに「最悪の事態」に思い至ります。

ポジティブな発想ができるようになったのは、「コンシェルジュの仕事ではこう考えたほうがいい」と思って練習を積んできたからです。これもプロの意地といえるかもしれません。意識をすれば発想の仕方は変えられます。

そしてまた、先輩たちがプラスに物事をとらえ、問題解決にいきいきと取り組んでいる姿を見せれば、後輩たちもそれに続きます。

いいチームというのは、お互いが響き合って、さらによくなっていくものです。リーダーがそのための土壌づくりさえしておけば、そのメンバーたちは自らの力で育っていってくれます。

ちなみに先の話の「20年前の隣人の鈴木さん探し」ですが、アメリカ人のお客さまの「たしか、その人は大型の農機具のようなものの営業をしていた」という記憶を頼りに見つけ出すことができました。

鈴木さんが「男性」ということだけでなく、幸運にも特殊なお仕事だったことが探し出す手がかりとなったのです。

忙しくても、忙しく見せないのがスマート

クリスマスや来る新年に向けて、街じゅうが華やぎ、街ゆく人も気ぜわしい雰囲気となってホテルの利用客も増える12月、コンシェルジュチームは年中行事の電話かけに追われます。

年末年始にはレストランや店、美術館などが通常の定休日以外の休みを取ります。年末にお客さまから「○○に行きたい」「○○の予約を取りたい」といわれたときに、電話をかけてみたらすでに休業中で、いつから開店・開業するのかわからないのでは何のご案内もできず、コンシェルジュの仕事になりません。お客さまから問い合わせや依頼が来た時点で、すでに調べ上げた情報を元にスムーズにご案内ができてしかるべきです。

そのための大事な準備として、数百軒の店や施設の休業リストを事前に整えておくというわけです。

最近ではホームページに案内を出しているところも多くなりましたが、年末年始についての記載がなかったり、日本料理の小さな店や趣味性の強いギャラリーなどではホームページ自体がないところもまだまだあります。

そこで11月ごろから、何かの用で店や施設に連絡をするたびに情報を集め始め、12月に入るとまだ確認できていないところすべてに集中して電話をかけます。

ただでさえお客さまが増える時期にそんなイレギュラーな作業も加わるので、じつのところは大忙しです。でも、チームでは「忙しいといわないほうがいい」「外部から忙しく見えるのは格好悪いこと」といっています。

私たちはお客さまに対して「いつもあなたのことを待っています」というゆったり感を醸し出していることも仕事です。

よく雑談に立ち寄ってくださるお客さまから「忙しそうだったから声をかけなかったよ」といわれたり、あるいは問い合わせのお客さまから「お仕事中、すみません」といわれるのはとても恥ずかしいことです。

それはある意味、自分たちの限界を見せてしまっているわけで、まだまだいくらでもどうぞ、という状態でお待ちしていなければなりません。

お客さまが寄ってこないようでは、コンシェルジュとして失格です。

そのため、お客さまには決して忙しそうに見えないように、年末年始の休業リストづくりを含め、調べものやお客さま向けの書類づくりなどは、周囲からどう見えているか気をつけながら作業をします。

そうやってつくったリストも、結局は半分くらいの情報しか使わないのですが、それでも自信をもって接客をするためにはなくてはならない準備です。使わなかった情報も決して無駄ではありません。年末年始の情報を収集しつつ、日頃の営業内容の変更を更新し各施設に年末のごあいさつをするいい機会だととらえています。

対お客さまだけでなく、ホテルのほかの部署に対しても、忙しそうに見せないのがスマートです。

コンシェルジュというのはホテルのさまざまな部署と連携して仕事をしています。お客さまから宿泊予約の変更などを頼まれれば予約係へ、お部屋に加湿器やスタンドを入れてほしいと頼まれればハウスキーピングへ、特別な料理などを頼まれればレストランやキッチンへ、ハイヤーやお部屋への届け物などの手配を頼まれればドアマンやベルマンへ連絡を取って依頼をします。

また逆に、探し物や案内が生じたときは、各部署からコンシェルジュに依頼や問い合わせが入ります。

つまり、忙しくないコンシェルジュなど価値がありません。

お客さまだけでなく、ほかの部署からも頼りにされているからこそ、コンシェルジュは忙しくて当然なのです。

コンシェルジュのメンバー同士では「今日は息つく暇もなくて大変」と本音をもらしたとしても、ほかの部署から「忙しいですか？」と聞かれたら、「いや、ちょうどいいくらい」と笑って答えられるくらいでなければいけません。

また、仕事の愚痴、仲間や上司の悪口も、ほかの部署にはいわないようにチームで徹底しています。

私たちはお客さまに対して常にぶれない安定感のあるコンシェルジュであるだけでなく、ホテルの中でも常に背筋のスッと伸びたコンシェルジュでなければならない。そんな意識をチームで共有しています。

個々の力を連携させたとき、その人数分よりずっと大きなチームの力になります

おほめの言葉をいただいても、ひとりの手柄にしない

月に一度のチームミーティングのときに、それぞれが「今月の目標」を話します。みんなが漠然と仕事をするよりも、それぞれが明確な目標をもち、提示し合ったほうがお互いの刺激になりますし、みんなで前に進もうというモチベーションが上がるからです。

「今月の目標」は、かならず、達成できたかがわかることにします。

「仕事をていねいにします」は心がけとしてはとてもいいのですが、接客は形に残る仕事ではないので、どうていねいにしたのか、目標が達成できたのかどうか判断ができません。

目標は、「週に1冊は本を読みます」「今月中に新しい店に3軒行きます」「1日に2回は人をほめます」「お客さまにお渡しする○○の資料をつくります」「皆で使って

いる○○のリストの情報が古くなってきたので、アップデートします」といった具体的な内容にしています。

中には「お客さまから指名入りの『よかった』というコメントを3件以上いただきます」などというものもあります。

客室に置いてあるコメントカードや宿泊後のメールアンケートに「○○さんの道案内がわかりやすかった」「○○さんに買い物を頼んだら、希望にぴったりのものを探してくれた」といった感想を書いてもらえるように努力するというわけです。

その人の目標がそれだったかどうかは別として、実際、同じ人に対する「よかった」というコメントが立て続けに入ってくる場合があります。

たとえ小さなことであっても、わざわざ一文を残してくださる、また、ホテル全体の感想をうかがうアンケートの中で、コンシェルジュに対して何かを書いてくださるというのは、とてもうれしく、ありがたいことです。

そんなときは、コメントをいただいたAさんはもちろん、なるべくそのことに関わったチームのほかのメンバーもいるときに一緒に喜ぶように心がけています。わざとらしいいい方にならないよう、雑談や冗談を交えて話をします。

たとえば、Aさんが新人だとしたら「素敵なコメントが来ているじゃない」、そして、そのAさんを指導している先輩には「指導がうまかったということね」というように、ふたりともそろっているときに声をかけます。

あるいは「いつもの薬を切らしてしまったときに、コンシェルジュのAさんが、調達して届けてくれて助かった」というコメントが来たとします。

薬をもって行き、お客さまに直接応対したのはAさんですが、薬を買いに行った別の人がいたかもしれません。そして、誰かが薬を買いに行ったり、Aさんが客室に行っている間、コンシェルジュデスクでは人数が少ない状態でほかのお客さまの対応をしていた人もいるわけです。

Aさんは、迅速な対応ができてすばらしかった。Bさんは、薬を買いに走ってお疲れ様だった。Cさんは、その間、留守番をしてくれてありがたかった。

コンシェルジュの仕事というのは、直接、お客さまと面と向かって対応するのはひとりであることがほとんどですが、その背景にはチームの何らかの力があります。

そのことをみんなにわかっていてもらうことも必要ですし、上司が個人の手柄にしないことも知っておいてほしい。

お客さまからのひとりに対する称賛も、みんなの力があってこそ。

そんなふうにして、チームで仕事をする喜びを共有し、チーム力を上げていきます。

それぞれの得意分野をチームの力にする

メンバーのひとりひとりが質の高い力をもち、その力を出し合ってパワーにできるチームが、私たちの目標です。

みんなが画一的である必要はなく、個性があるからこそ人間味のある応対ができ、それぞれ得意分野をもっているからこそ力が広がります。

サッカーや野球のことならば誰がよく知っている。伝統芸能のことならば誰が詳しい。九州のことならば、九州出身の誰がよくわかる。ロンドンのことならば留学していた誰に聞けば間違いがない。難しいラッピングは誰に任せればいい。

コンシェルジュチームだけでなく、ほかの部署でも「あの人はラーメン好き」「あの人はスイーツ好き」ということを知っておけば、それも力になります。

私たちにとって「情報」と「人脈」はとても大事だと第1章で書きましたが、ひとりひとりの得意分野は重要な情報ですし、何かに詳しいほかの部署の人たちは人脈として活用できるわけです。

私はラーメンやケーキの食べ歩きは好きな人に任せ、その分、コンシェルジュになる前に別の業界にいたときに培った人脈や、ホテル外からの仕事でうかがった地域の情報や経験をチームに活かしてもらいます。

それぞれが得意分野を自分の能力としてもっているだけでなく、チームの誰もがそれを活用できるようにすれば、チーム力がアップします。

そのため、常に情報共有を心がけています。

今はメールという便利な通信ツールがあるので、チーム内でグループメールがしょっちゅうまわってきます。

「先日話題になったレストランに今日、行ってきました。味の特徴は○○、自慢料理は○○、店の雰囲気、料金、サービスは○○な感じで、『接待に使いたい』というお客さまのリクエストにはふさわしい店です」とか、「新しくできたショッピングセンターに行ってきました。入口はどんなふう、テナントの傾向はどんな感じ、お客さまにとくにお伝えしたいのはこんな情報です」といった具合です。

まるでひとりの優秀なコンシェルジュが、24時間立っているかのような安定感をもちつつ、情報や人脈はひとりではもち得ないくらいの蓄積がある。
これこそが、チームの底力です。

チームもほかの部署も連携して、仕事をスムーズに

私たちは、間違いなくスムーズに個々の仕事を完了させるために先々まで想像して、悪い状況が起きてもカバーできるように準備しますが、さらにその情報を何ヵ所にも記録してチームで共有し、自分がいなくてもほかの人が確認できるよう、網の目のようにチェック機能を働かせています。

たとえば、宿泊予定のお客さまからレストランの予約の依頼があったら、ご希望のレストランに電話をして予約をした上で当日の引継ぎ帳に記載。そして、オペレーターやフロントなどすべての部署が見ることができる先々のスケジュールを書き込むパソコン上のログブックの予約当日のページにも、またさらに、その方の宿泊予約にも記載をしておきます。

ほかの部署もその情報がわかっていれば、たとえば宿泊自体がキャンセルになったときに、予約係から「〇〇さまの宿泊予約がキャンセルになりました。レストランの予約が入っているのでお知らせです」と連絡をもらえます。

これを、レストランの予約に関してコンシェルジュだけしか知らなければ、宿泊の予約がキャンセルになってもわからないまま、レストランの予約は放置されて店に迷惑をかけかねません。

あるいは、お客さまがその後フロントに行ったついでにほかのレストランの予約を依頼なさったとしても、「お客さま、その日は別のレストランの予約がすでに入っています。ダブルブッキングになってしまいますので、どちらにしますか」と対応ができるわけです。

また、コンシェルジュチームでは、「お客さまのレストランの予約はこういう内容になっています」というメッセージとレストランの地図をパソコンで作成し、チェックイン時にフロントで渡してもらったり、できれば自分たちがごあいさつをしながらお渡しするようにしています。

これも、予約を承った者がその日に休みでも、チェック機能にのっとってほかの人やほかの部署が間違いなくお渡しするシステムにしています。

ひとりのコンシェルジュが、ひとつの依頼に関して最初から最後まで見届けられない場合でも、コンシェルジュチームやホテルのほかの部署が連携し、お客さまや予約先に失礼がないよう、仕事を遂行していきます。

時間に余裕がないときこそ、チーム力が試される

先に書いた通り、チームのメンバーには「忙しいとはいわないほうがいい」と話してはいますが、実際には国際会議シーズンやイースター休暇の時期などはチーム内できちんと話ができないほど時間に追われます。

そんなときは、お客さまからの依頼内容を引き継ぐだけで精いっぱいで、ちょっとしたニュアンスや、コンシェルジュとしての勘の部分の伝達がスムーズにいかなくなりがちです。

お客さまから夜遅くに次の日のレストランの予約を依頼された。もうそのレストランは閉まっている時間。翌日、レストランが開店する時間には自分はいないので、引

き継いで予約を入れてほしい。

第一希望はA店の何時、第二希望はA店の別の時間、第三希望はB店の何時で、人数は何名。

引継ぎ帳に書かれたこれだけの情報があれば、とりあえず予約はできます。

ただし、全部の希望がダメな場合、「A店でもっと遅い時間でもよさそうだった」とか、「お連れさまは別のC店にも興味がありそうだった」といった、お客さまに相対したからこそわかるニュアンスや勘が伝わらないと、このお客さまの「気持ち」から少しずつずれてしまいます。

依頼内容だけでなく、コンシェルジュとして感じ取ったお客さまの「気持ち」こそ、本来、私たちがいちばん大切にしなければならないところなのにも関わらずです。

あるいは、最初に応対した人からの引継ぎの内容が、「何号室のAさまが○○を探しています。どこで買えるかを調べて、何時までにAさまにメールで知らせてください」だったとします。

これだけの内容でもお求めの物を購入できるお店を探して、お客さまに連絡をするのには十分です。

でも、その方はおいくつくらいの方で、誰のためにそれを買いたいのか。息子さんへのお土産なのか。ご主人から頼まれた物なのか。あるいはご自身が買いたいのか。今日は会議に出かけているのか。観光に行っているのか。

そんな細かい情報があるかどうかで、お客さまに書くメールのニュアンスやそこに添えるひと言も違ってきます。また、依頼された物がなかったときの代替案も変わってきます。

こんな周辺情報こそ、私たちが大切にしなければいけない部分なのですが、時間に追われていると、依頼内容を正確に引き継ぐだけに終始しがちになります。

まわりが溶け、形がはっきりとしなくなり、地滑りを起こしそうな状態……。

チームの仕事ぶりがそういう感じになってくると、危ないなと思って声をかけます。

「溶けたアイスクリームみたいになってきてない？」

「紙の束、トントンってそろえてね」

日ごろから濃密な関係性を結び、力のあるメンバーがそろっていれば、この程度の言葉で皆がピッと察知し、チームが引き締まります。

時間に余裕がないときこそ、日々の積み重ねによってどういうチームづくりができているか、その真価が問われます。

話さなくてもわかり合える「濃密な関係」をつくるために、まずは普段からよく話をし、考えや意識を共有しておくよう心がけています。

チームを束ねるリーダーに求められるのは、平常心と決断力

メンバーのひとりひとりをよく見て、進化できるように導き、メンバーが連携して力が発揮できる環境をつくることがチームのリーダーの責任であるのは、先に書いた通りです。

さらに、常に稼働しているホテルにおいて、コンシェルジュのチームをまとめるリーダーに必要なのは、「平常心を保てること」と「決断が早いこと」だと思っています。

このふたつの素質、能力があるうえで、「チーム内での情報シェアを迅速に行う」という意識をもっていることが大切です。

「平常心を保てる」ことは、コンシェルジュの誰もに求められる力ではありますが、新人もいる中、それを束ねる人間にはいかなる状況でもパニックに陥らない、強靭な精神力が必要となるでしょう。

そうした強さを内に秘めつつ、少し能天気なくらいおおらかに見えたほうが、チームのメンバーは安心して、伸び伸びと仕事ができます。

「決断が早い」ことがなぜ必要かというお話をしましょう。コンシェルジュの仕事というのは常に休みなく動いているので、チームのメンバーは早番あり、遅番あり、休みありとなかなかいっせいにそろうことがありません。

そんな中、第1章の「誰に聞いても同じ答え」（23ページ）のように、チーム内で統一をしておかなければならない情報などに関して「これでいきます」と早く決断をくださなければ、不統一が生じてしまいます。

「決断を早く」し、「チーム内での情報シェアを迅速に行う」ことで、まるでひとりの優秀なコンシェルジュが、24時間立っているかのような状態が生まれます。

コンシェルジュというのはさまざまなことに配慮するクセがついていることもあって、「あの人に相談してからにしようか」などと気を遣いすぎて決断が遅くなることがなきにしもあらずです。でも、リーダーとしては、理由を明確にしたうえでタイミングを逃さず「これでいきます」と決断をする統率力が必要なのです。

そして、お客さまへの対応は常に筋が通っていなければいけません。

コンシェルジュのところには、ときには一見むずかしくなさそうに見えても、かなえてさしあげられないリクエストももち込まれます。ケースバイケースで臨機応変な対応をしてはいきますが、基本的なスタンスはぶれてはいけません。

たとえば、「修理に出していたスーツケースが直ったという連絡があった。今日すぐ手元にほしいが、取りに行くのは面倒なので、タクシーに乗せて届けてもらってほしい」といった依頼。

ところが、日本では旅客と貨物の運送では事業者の免許が異なり、タクシーに客が乗らずに、物だけを運ぶことは禁止されています。そこで代替案として、軽トラックを使った即日配達などを提示するのですが、お客さまによっては「タクシーより値段が高くて嫌だ。ほかのホテルでは融通をきかせてくれた」と納得していただけないこともあります。

コンシェルジュは相手の側に立って、相手の気持ちで考え、できることはとことんするのが基本です。でも、その前提として「法律的、道徳的に問題がない限り」ということがあります。

交渉次第で対応してくださるタクシー会社の方があったとしても、この場合、「今回、

「一度だけ」という特例を許すことは決してしてはいけないことです。

私たちは原則、いつでも同様にしてさしあげられる仕事の仕方を心がけます。一度してさしあげれば、今後、そのお客さまから同じ依頼が来たときにはずっとそれを続けなければならなくなります。

また、このことでお客さまは希望がかなえられ、いいコンシェルジュ、いいホテルと思ってくださるかといえばそうではありません。ごねれば何でもしてくれるホテルだと軽く見られるのです。

このようなお客さまの対応に迷ったメンバーから相談を受けたとき、リーダーは毅然と判断をしなければいけません。そのうえで、「どう伝えるか」を考え、しなやかな対応でお客さまに理解してもらえるようにアドバイス、サポートするのです。

コンシェルジュになりたいと思っている人が、「グランド ハイアット 東京のコンシェルジュになりたい」と思ってくれるような、グランド ハイアット 東京のほかの部署で働いている人が、「コンシェルジュになりたい」と思ってくれるような、そんなコンシェルジュチームでありたい。それが私たちの目標です。

第3章

ホスピタリティがあれば、どんな仕事も質が上がる

より上質なホスピタリティを提供するためには接客に携わるプロの力の底上げが欠かせません

いい「サービス」と、いい「ホスピタリティ」は違う

24時間365日、ひとりの優秀なコンシェルジュが応対をすることは無理でも、力のある個々のコンシェルジュがつながり、チームとなれば、それが可能になる。

それと同じように、コンシェルジュのみならず接客に携わるあらゆる人たちの力を底上げし、そのプロ同士がつながれば、日本の「おもてなし」はもっと上質なものになると考えています。

私が今、大学で学生たちと過ごしているのは、ホスピタリティ精神をもってプロの仕事を提供できる人材の育成をする「ホスピタリティ・ツーリズム」という学部です。

主には航空会社やホテル、レストラン、旅行代理店、小売販売店などへの就職を目指し、旅行や観光、飲食、販売に携わる接客の仕事に就こうという若者たちが通って

きています。

この学部の名称にもなっている「ホスピタリティ」という言葉が、近年、「サービス」という言葉に取って代わって使われる場面が増えてきました。

「ホスピタリティ」と「サービス」はどのように違うのでしょう。

たとえば、喫茶店でコーヒーを飲んでいるとしましょう。

飲み終わったら、黙っていてもお代わりをもってきてくれた。これはいいサービスです。

ただし、お客さまにしてみれば、お代わりは別にもう飲みたくはなかったけれども、せっかくもってきてくれたのだから頑張って飲もう……という状況だったかもしれません。

これが、そのお客さまの様子を見ていて、「もう一杯もって行ってさしあげたら喜ばれるだろう」と読み解いて、とくに声をかけることもなく、さりげなくお代わりを出したのなら、それはホスピタリティです。

あるいはホテルのフロントにしても、チェックイン時には鍵の使い方、レストランの営業時間、朝食券のことなどいろいろな説明をする決まり事があります。そのすべてをきちんと説明することがフルサービスです。

でも、常連のお客さまにしてみれば、すでに承知していることも多くあるでしょう。そのお客さまに合わせて、心地いいチェックインをしてさしあげることがホスピタリティになります。

つまり、いいサービスといいホスピタリティは、イコールとは限らないのです。

サービスはマニュアルで決めることができますが、ホスピタリティはあくまでも相手の中にしか答えがなく、マニュアル化はできません。

「コーヒーカップが空になっていたら次の1杯を出す」という決まり事ではなく、お客さまがもう1杯のお代わりを喜んでくださるかどうかを自分で見て、自分で感じ、自分で判断して行動する。

決まり文句を暗唱していうのではなく、ひとりひとりのお客さまを自分で見て、自分で感じ、自分で判断して言葉を選び、説明内容を変える。

常にお客さまの様子や表情に敏感であり、「相手の気持ちで考え」てこそホスピタリティは実現できます。

たとえば、コーヒーショップに入ってきたお客さまが、席に座るなり書類を広げたならば、忙しそうだなと察する。時計を見ている方ならば、急いでいそうだと思う。同じように時計を見ていらしても、その様子次第で時間をつぶしたいと思っているかもしれないな、あるいは待ち合わせかなと感じ取る。テーブル席に座り、外の風景でも眺めていれば、今日はゆっくりと過ごすおつもりだなと察する。

その状況によってコーヒーを出すテンポも、お代わりを出すタイミングも違うはずです。もしかしたら、お代わりのコーヒーよりも心地よく感じていただける何かがあるかもしれません。

そういうホスピタリティが提供できれば、きっとお客さまはその店のファンになり、「あのあたりでコーヒーを飲むなら、またあそこの店にしよう」と思ってくださるはずです。

接客をする本人にしても、単に決まり事にのっとってお客さまをさばくのではなく、そこに「プロ意識」が介在することで仕事におもしろみが生まれるでしょう。お客さまに想いが届けば達成感も味わえます。

「ホスピタリティ」に真剣に取り組めば取り組むほど、接客の仕事は本人にとってももっと興味深いものになるのです。

そして、プロとして接客の仕事をする以上、お客さまに何らかの満足を味わっていただき、また来ていただけるように努力する、ファンを増やすように努めるのが、企業人としての責任であることも忘れてはなりません。

自分にとっての仕事の原点があれば、常に立ち返れる

接客の仕事に就くことを目指して学んでいる学生たちや、ホテルに就職してくる人たちを見ていて思うことは、「なぜ自分が接客業を選ぶのか、選んだのか」という「自分の原点」をしっかり確認してから仕事に就いてほしいということです。

ホテルの華やかなロビーやきれいなレストランで働くことを夢見る。

そういう夢は、とても純粋で、大切にしたいことです。

でも、実際に仕事が始まれば、覚えることが多くあり、接客はチームの仕事でありながら、その瞬間瞬間はひとりで行なう場面がほとんどなのでプレッシャーもあって、日々、目の前のことで精いっぱいになりがちです。そんなとき、華やかさやきれいさ

へのあこがれだけでは仕事は続けられなくなります。

本人がどの程度意識しているかは別として、少なくとも接客の仕事を選んだり、選ぼうとしている根底には、「相手が喜んでくれるのがうれしい、楽しい」というホスピタリティの思いがあるはずです。

その原点をしっかりと心に刻んでおき、一対一でお客さまと接していて「どう対応したらいいか」に迷ったとき、「どうしたらこの人を喜ばせられるだろう。そのために私は何ができるだろう」と考えてほしいのです。

忙しさに流されそうになったときや、仕事に飽きそうになったときにも、原点に立ち返ることができれば、自分を見失わずにすむはずです。

ドアを開け閉めしているだけのドアマン、料理を運んでくるだけのウェイター、ウェイトレスもよく見かけます。

ドアマンがそこにいるのは、ただドアの開閉のためだけではないはずです。

お客さまがいらしたら、「ようこそ」と笑顔でドアを開けて、ホッとしていただきたい。「ああ、このホテルにしてよかった」と感じて、喜んでいただきたい。

歓迎や感謝の想いを伝えられてこそ、たとえ自動ドアであっても、ドアマンがそこにいる意味があります。

近頃、ホテルの仕事に就く人たちは、就職するまでにアルバイトを経験する人も多く、マニュアル通りに動くことには比較的、慣れています。

マニュアルというのもそれはそれですばらしいもので、アルバイトに入ったその日から、そのチェーン店すべてに共通するサービスを実践することができます。

「全国どの店に行っても一律で変わらない味とサービス」を提供することが、チェーン展開をしている店のマニュアルの目的なので、それはしかるべきシステムです。

でも、ホスピタリティを提供することを旨とする店やホテルは違います。

いつでも一律､同じサービスができるのは当然で、それだけでは不十分。状況によって、お客さまによって変えてしかるべきです。

そのためには、自分が仕事を選んだ原点、「相手が喜んでくれるのがうれしい、楽しい」という気持ちを常に心の中に置いて、行動することが不可欠です。

時間の切り売りで働くのではもったいない

　ホスピタリティのプロとして、仕事の原点をしっかりともっていることが大切なのは、直接、お客さまと接する仕事だけではありません。裏方の仕事でも同じです。

　海外からの出張のお客さまはとくに、ホテルにおいてもできるだけ日常に近い状態で過ごし、仕事に集中したいと思われる方が多くいらっしゃいます。

　客室にある電話、ごみ箱、ティッシュなどの位置をご自分の使い勝手がいい場所に動かされたり、加湿器や電気スタンドを希望されたり、タオルの追加をリクエストされることもあります。

　宿泊の１日目に電話やごみ箱、ティッシュの位置が動かされていたら、次の日からはお客さまがしなくてもいいように、その位置にセットをする。

　また、加湿器や電気スタンド、タオルの数などのリクエストはデータとして残し、次回の宿泊の際にも用意を整えておくようにします。

　ただし、こういった作業を「ホテルの決まり事だから」と事務的にしていたのでは味気なく、仕事に楽しさは生まれません。

「前回、宿泊したときに加湿器を頼んだら、今回来たときには何もいわなくても部屋に加湿器が設置してあった」とお客さまが驚き、喜んでくださっているはず。定宿としての心地よさを味わってくださっているだろうと思えればこそです。

直接、お客さまと顔を見合わせなくとも、そんな想像力を働かせれば仕事ひとつにも心がこもり、おもしろさも感じられるでしょう。

日々のハウスキーピングにしても、お客さまの反応が直接わからなくても、「ここまで気を配って部屋を仕上げた」ということに、どれだけ自分が誇りをもてるか。「きっとお客さまが喜ぶはず」ということを、どれだけ自分の喜びにできるかです。

どんな職業においても「この仕事は私がしました」「これは私がつくりました」と自信をもっていえるかどうかを、自分に問いかけてみることだと思います。

出来がいいか悪いかももちろんですが、その前に少なくとも自分はこれ以上のものはできない、つくれないというところまで力をつくしたかどうか。

本当はもう少し頑張れた、もう少しやればできたというのは、プロとしてとても恥ずかしいことです。

「全力を出した」と自分に対して自信をもっていえる仕事をする。それが、プロの誇り、プロの意地というものでしょう。

実際、意識の高い人は、客室に何か物をお届けに行くだけでも、「お客さまはこんなことが気になっていたみたいでした」「こういう質問をなさったので、たぶんこんなふうに思っていらっしゃるのだと思います」「次はこれとこれをおもちしたほうがいいと思います」と何か情報やヒントを拾ってきて、伝えてくれます。

これは、本人が「お客さまを喜ばせよう、驚かせよう」という気持ちで、ホスピタリティの仕事を楽しんでいるからにほかなりません。そういう人は表情もいきいきとし、仕事の質も上がっていきます。

コンシェルジュはお客さまと直接、話ができる仕事なので、意見をうかがえる機会に恵まれています。

「客室が快適で気持ちよかったよ」というようなおほめの言葉をいただいたら、担当の部署、ハウスキーピングのメンバーやその上司にすかさず伝えます。

人目につかない仕事でも、一生懸命やっていることはかならず誰かがわかっていることを知ってほしいからです。そして、すべての部署がモチベーション高く仕事をすることが、ホテル全体をよくしていきます。

ただ「〇時から〇時までの労働」というように、時間を切り売りして働くのではもったいない。楽しくなければ仕事は続きません。

日々の業務に追われ、自分が何のために働いているのかがわからなくなってしまう前に、まだ初々しく、仕事に対してやる気があふれているときに、「相手が喜んでくれるのがうれしい、楽しい」という接客の原点をしっかりと心に刻んでおきたい。

そして、ベルマンがベルマンとして、ハウスキーピングがハウスキーピングとして、もちろんコンシェルジュがコンシェルジュとして、誇りをもって働いてほしいと思っています。

もっと人と関わり、もっと人にやさしくなろう

私があえて「相手が喜んでくれるのがうれしい、楽しい」という接客の仕事の原点を自覚するように促すのは、今、人と人との関わりが希薄になってきていると感じるからです。とくにこの10年ほど、加速度的に薄れている気がします。

メール、SNSなど、人と人とがつながる手段は以前に比べて格段に増えました。でも、生身の人と人との関わりはどうでしょう。

結婚披露宴といえば、かつては友人が司会をすることが多かったと思いますが、近年では友人に頼むのは面倒だからとプロに依頼するケースが増えているといいます。そして、「二次会」と呼ばれる友人たちのパーティの数も減っているとか。

そういう話を聞くと、驚きつつも「やはりそうか」と思ったりもします。


外国のお客さまの中にも、宿泊中であっても問い合わせはメールばかりで、コンシェルジュデスクには顔を見せないという方もときにいらっしゃいます。でも、人への関心の希薄さはとみに日本の若者に多いように感じられ、ある意味、危機感を覚えます。

そういう時代なのだといってしまうのは簡単ですが、はたしてそれで私たちの暮らし、気持ち、心は豊かになり、潤っているのでしょうか。

顔を合わせないつながりを否定はしませんが、もっと生身の人間同士のつながりを大事にしていくべきだと思っています。

だからこそ、大人になるもっと以前の小さいころから、子どもたちが「人に何かをしてあげて、喜んでもらえたらうれしい」ということを経験し、体に染みつくようにすることが、大人の責任だと思います。

親子連れが電車に乗ってきて、席がひとつだけ空いていると、すかさず座るのは子どもで、親は立っている……という情景をよく目にします。幼稚園のかばんをもっているのは親で、子どもは手ぶらで歩いている。

なんでもお母さんがしてくれるのが当たり前で、自分が何かをしてあげることを考えていない。

そうではなくて、お母さんと買い物に行って荷物をもってあげたら、お母さんが喜んでくれた、食事のあと食器を下げたら、お母さんが笑顔になった、店に入るときにドアを押さえていたら、後ろから来た人に「ありがとう」といわれた、というように「人に何かをしてあげるのって楽しい」ということを子どもたちにもっと経験してほしい。

大人たちは、子どもにそういう経験をもっとたくさん、積極的にさせてあげてほしいのです。それが、人とのつながりを豊かにしていくからです。

そして、人から何かやさしくしてもらったら「ありがとう」といえる人間になってほしい。

別に「ありがとう」といわれるためにしたことではなくても、お礼をいわれればうれしいものです。そして、次に誰かに何かをしてもらったら、「ありがとう」といえるようになる。そういう温かい循環がきっと生まれるはずです。

「自分はそういう経験をあまりしてこなかった」と思う方は、これからでも遅くはありません。積極的に人と関わってみてはいかがでしょうか。

人に対して興味をもてば、「相手の気持ちで考える」こともできるようになっていきます。これはコンシェルジュや接客業だけでなく、どんな仕事にも活かせることです。書類をホチキスで留めるというような作業ひとつでも、「この書類を手にした人が読みやすいように」と意識するだけで違いは生まれるのですから。

もっと人と関わり、もっと人にやさしくなる。

人と人とが顔を合わせなくてもつながれる時代だからこそ、意識的にそうしていくことが必要だと思っています。

接客が上手な人は、意識して接客ができる人

「接客の仕事に向いている人」というのはどういう人なのでしょう。

外交的で明るい人が接客業に向いているかといえば、一概にそうとはいえません。

コンシェルジュ仲間や接客のスペシャリストの中には「じつは人見知り」という人が少なくありません。接客の現場では「人見知り」であることをまったく感じさせないにも関わらず、プライベートでは「人見知り」だったりするのです。

では、「プロとして接客が上手な人」というのはどういう人を指すのか分析してみると、「意識して接客ができる人」です。

世の中には、なんとなく人づきあいが上手で、自然と場を盛り上げるのがうまい人はいますが、「なんとなく自然にやっていること」は自分でコントロールができず、気分などによってムラがでます。それは仲間内ではいいかもしれませんが、プロの仕事としては通用しません。

接客のスペシャリストは、意識的に「接客スイッチ」をオンにしたら、気分や体調や相手によって流されることなくセルフコントロールをして、四六時中、プロの接客に徹することができます。

「なんとなく自然に」ではなく、「意識的に」接客スイッチを入れたり切ったり、あるいは入れっぱなしにすることができる。そして、接客スイッチがオンのときには決してぶれることがない。

この安定感は、「相手が喜んでくれるのがうれしい、楽しい」をさらに突き詰めた、「相手を喜ばせよう」というプロ意識によって下支えされたものだと思います。

「人見知り」であることが接客にとってデメリットではないと思うのは、人に対する繊細さがあるからです。

人見知りの人というのは、人から嫌われたくない、悪く思われたくないという気持ちが強く、その結果、ときとして自分をうまく表現できずに引いてしまったりします。でもその分、相手がどうしたいのか、相手のペースはどうなのかに敏感で、人をよく観察しています。

こんな「人に対する繊細さ」をもった人が、プロ意識をもって接客に臨めば、いいスペシャリストになれるのだと思います。

接客業を目指す人、接客業をしている人にはぜひ、「相手の気持ちで考える」という習慣をつけ、「相手を喜ばせよう」というプロ意識をもって、ぶれない自分をつくるように心がけてほしいと思っています。

「ながら好き」な人が、コンシェルジュに向いている

ことコンシェルジュに関しては、今までも再三、書いてきたように「何に対しても興味関心をもち、おもしろがること」ができるかどうかが、素養として重要です。

そのお客さまにとってのベストな答えを探すことをおもしろがり、お客さまから聞かれたこと以上に気をまわして答えることをおもしろがり、不可能に思えるような事態を解決することをおもしろがれるか。

そういったことを面倒くさがらずに、いつも楽しめるか。

これは、トレーニングで身につけるというよりは、その人がもっている資質の部分が大きいかもしれません。

あともうひとつ、「ながら仕事が上手」な人がコンシェルジュには向いています。

これも何度も書いているように、私たちがいただく依頼は本当にさまざまです。

「レストランの予約を取ってほしい」

「明日から1週間、時間ができたので日本国内旅行のプランニングをしてほしい」

「手書きの書類を午後○時までにタイプしてほしい」

「子どものお土産のぬいぐるみがどこで買えるか調べてほしい」
「出かけようとしたらズボンのすそがほつれてしまったから直してほしい」などなど、次から次へと届きます。

依頼が来た順にすませればよいかというと決してそうではなく「レストランは今、ランチの時間。電話をしたら迷惑になるからあとにしよう」とか、「ぬいぐるみの件で電話をかけた店の担当者が席をはずしていたので、帰ってくるといわれた時間にまた電話をかけ直そう」とか「旅のプランニングには数か所に問い合わせをしなければならないので、早目に始めて、ほかのこととの合間にまとめよう」とか「まずは、急いで出かけなければならないお客さまのズボンのすそを直そう」と順番を入れ替えつつも、すべてが間に合うように差配しなければなりません。

こんな調子なので、ひとつひとつ仕事をきちんと片付けていきたいタイプの人にはこういう段取りはストレスになるかもしれません。「ながら」や「段取り」が好きなことも、コンシェルジュに向いている要素のひとつです。

接客業といってもいろいろな仕事があります。自分はどういうタイプなのか、仕事に就く前に自己分析をしておくことも大切だと思います。

多くを体験し、「観る目」を養うことが大切

大学の学生たちには自分を知り、職業を知るために「できるだけ能動的に動き、多くの体験をする」ことを薦めています。旅館やホテルに興味があるのなら、実際に泊まってみるのがいちばんいいでしょう。泊まるのが無理ならば、ロビーに行ってみるだけでも学ぶもの、感じるものはあります。

行って、見て、感じる。

一流のホスピタリティパーソンになるには、一流のお客さまでなければなりません。ファミリーレストランでも居酒屋でも、タクシーやバスに乗っても、「ホスピタリティ」の視点で観察をしてみると、何か見えてくるものがあるはずです。

相手の気持ちで考えるためには、「いろいろな考え方をする人がいる」ことを知るのもとても大切です。実際に多くの人と接するのがいちばんですが、読書は疑似体験を増やすのに役立ちます。

「えっ、物事をこんなふうにとらえて行動する人がいるのか」

「言葉とは裏腹に、心の中でこんなことを考えたりするのか」

自分が興味をもち、楽しめるものならどんなものでもいいので、積極的に本を読むことがきっと役に立ちます。

また、日本のことを十分知っているでしょうか。歌舞伎や相撲を観たことはあるか。東京ならばせめて、浅草や明治神宮には行ったことがあるか。

そして、ただ「行った」だけでなく、「観る目」を養ってもらいたいのです。

これは学生だけでなく、私たちコンシェルジュも、そして、ホテルマンも同様です。コンシェルジュには、自分の時間とお金を使ってでもさまざまな経験をするようにと、自分への投資を推奨しています。私自身も月に数回は、出張の機会などに、ほかのホテルを利用するようにしています。自分が客になってみてこそわかること、学ぶことがいろいろあるからです。

ホテルのほかの部署のメンバーにも、無理をしてまでとはいえませんが、「観る目」を養ってもらうように働きかけています。

とくに、ホテル周辺の道や店などに関しては、お客さまはコンシェルジュだけでなく、ドアマンやベルマンに尋ねたり、フロントで問い合わせをしたりなさいます。

たとえ毎日、通勤で通っている道でも意識をしていないと見逃していることはたくさんあり、お客さまの案内に活かすことができません。

そこで月に1度、2時間程度、ほかの部署の希望者を募り、コンシェルジュがガイドをする街歩きを企画しています。

『ここの道は一方通行なので、タクシーの運転手さんは別の方向から大まわりすることをお客さまに伝えたほうがいい』

「ここはお客さまからよく尋ねられる店。ホテルからの道順は？　何分かかる？　わかりやすい目印は？」

「今、ここは工事中で道幅が狭くて歩きづらいので注意が必要。では、まわり道をするとしたら、どの道を薦める？」など、一緒に歩きながら街の観方、着眼すべき点を伝えます。


「観る目」ができてくると、漠然と歩いているときには見落としていたことが目に入るようになってきて、「あの店、閉店していました」とか「あの道の桜、今、満開で見ごろですよ」とか、「あそこは今、道路工事をしています」といった情報がコンシェルジュ以外の者からも寄せられるようになります。そんな、目と足で集めてきた情報は、彼や彼女たちがお客さまに自信をもってご案内をするのに役立つことはもちろん、コンシェルジュチームにとっても貴重な情報となります。

私たちコンシェルジュが力を発揮できるのも、そこに魅力的なホテルがあるからこそ。さまざまな違った部署で働く仲間がホスピタリティの精神をもち、力を磨き、連携し合うことでホテルはいきいきと輝き、パワーアップします。

だからこそ、これから接客の仕事を目指す人たちにも、ぶれない自分の原点をもち、力を養ってほしいと思っています。

コンシェルジュ集団を喜ばせた上質なホスピタリティ

ホスピタリティといえば、こんな忘れられないエピソードがあります。

全国のコンシェルジュが集まる定例会で、日本のあるホテルに行ったときのことです。大きな敷地の中にホテルが何軒もあり、レストランも点在している施設でした。

その日、どのレストランに行くか決めていなかった私たちは、見て歩きながら選ぼうと、宿泊しているホテルから10人ほどで出かけました。そして一軒のレストランに決め、食事をしていたのですが、食事中に雨が降り出しました。

食事を終え、帰ろうとすると、なんと宿泊しているホテルから人数分の傘がレストランに届いていたのです。「そろそろお帰りのころだと思いまして」というメッセージつきで。どこのレストランに行くともいわずに出かけたにも関わらず、私たちの居場所を把握し、そのうえ、レストランにも当然、貸傘はあるはずなのに、わざわざ届けてくれたのです。

どこで傘を借りようが、雨に濡れなければいいわけですが、それをホテル側が「私たちはあなた方のことをいつも見守っています」と伝えるチャンスととらえて傘を届けてくれたのでしょう。

そうすることで、私たちに「ああ、私たちは守られている、ケアされている」というプロのホスピタリティを受ける心地よさを感じさせてくれたのです。

こんな上質なホスピタリティに触れることで、また、私たちのホスピタリティも磨かれていきます。経験は財産になるとつくづく思う瞬間です。

だからこそ、接客業に就くことを目指す人、接客業をしている人たちには、上質なホスピタリティをできるだけ味わってほしいと思っています。

ホスピタリティは接客業のみならず どんな職業、どんな職場にも必要です

接客する人が少ないホテルにも、ホスピタリティはある

「いいホテルとはどんなホテルですか？」と問われたら、あなたはなんと答えるでしょうか。ここで考えておきたいのは、かならずしも「いいホテル＝高級ホテル」ではないということです。

休暇をリゾート地で過ごすために泊まるのであれば、ゆったりとしたテラスがあり、窓から見えるロケーションもすばらしいことが、「いいホテル」の条件になるかもしれません。

でも、次の日のフライトが朝、早いため、空港の近くに泊まろうというのであれば、必要なのは広いテラスや窓からの風景ではなく、空港へのアクセスがよく、安全で清潔な、好みのサイズの部屋を提供してくれることで十分「いいホテル」となるでしょう。

同じ人でも、ときにより、状況によって「いいホテル」の条件は変わります。

そして、そんな多様なニーズに応えるさまざまなタイプのホテルも登場してきています。

最近では、チェックイン、チェックアウトを機械でできるホテルもあります。ドアマンやベルマンやコンシェルジュがいないだけでなく、フロントもごく少人数になっています。それでも、お客さまの希望に合っていれば、それは「いいホテル」です。

さらに、そういうホテルにはホスピタリティがないかといえば、そうとはいえません。

今まで再三にわたって、ホスピタリティを実践する「人がいる意味」を説いてきて、矛盾するように思われるかもしれません。

ですが、接客をする人が少ないホテルをつくる場合には、企画段階で「従業員が少なくても不自由がないように」ということが十分に検討されているはずです。

従業員が少ない分、お客さまが疑問に思うようなことを先まわりして考え、わかりやすい導線を標示し、お客さまへの注意書きなどを用意しておく。その標示や注意書きの提示の仕方にしても、見落とさないように目につきやすい場所を選び、勘違いが起こらないようなわかりやすい言葉を精査するでしょう。

また、少人数の〝人〟の役割は、通常のホテル以上に幅広く、こまやかであることが求められます。

そういったことも、まさにホスピタリティです。

つまり、さまざまなことを削ぎ落としたホテルにホスピタリティがないわけではありません。むしろ、そこにホスピタリティがなければ成り立たないのです。

プロのホスピタリティは〝付加価値〟ではない

今やサービス業に限らず、あらゆる業種においてホスピタリティが求められています。

たとえば、かつてメーカーでは、いいものをつくれば売れる時代もありました。でも、今の日本ではそうではありません。

車にしても家電にしても、単に機能重視ではなく、自分のライフスタイルやライフプランに合ったもの、嗜好や気分に合ったものを人は選びます。

つまり「相手の気持ちで考える」ホスピタリティの発想でつくられたものでなければ売れないのです。

商品の機能を開発する人、デザインをする人、広告をする人、営業をする人など、そのすべての人がホスピタリティの意識をもっていなければ、お客さまに訴求する商品はできあがりません。

それは、観光であってもサービスであっても、あるいは商品においても同じです。

ホスピタリティは〝付加価値〟〝付け加える〟ものではなく、あってしかるべきもの。そして、ホスピタリティがあればこそ、人はその施設や企業のファンになり、「電化製品を買うなら、またあのメーカーにしよう」「ビールを飲むなら、またあのブランドにしよう」となります。

そして、気に入った人たちの「○○のカメラは機械が苦手な女性にも使いやすい」とか「○○の車は家族で出かけるときに快適だ」といった、商品そのものの機能性ではなく、使う人に何をもたらすかといった視点からの口コミがＳＮＳなどを通じて広がっていきます。

「相手が喜んでくれるのがうれしい、楽しい」というホスピタリティの仕事の原点も、「もっと人と関わり、もっと人にやさしくなること」が必要なのも、接客業に就く人間だけに限ったことではないことを感じます。

相手の気持ちで考えることが、どんな職業にも欠かせない要素となっているのです。

「社内顧客」のことも考えなければ、ホスピタリティは完成しない

「相手の気持ちで考える」心があってしかるべきなのは、お客さまに対してだけではありません。

まだあまり知られていない言葉ですが、商品を買ってくださる外部のお客さまは「社外顧客」、会社の仲間、ほかの部署の同僚や出入りの業者さんなど仕事で関わりのあるあらゆる人たちは「社内顧客」と表現されます。

私たちにとっての「社外顧客」はホテルのお客さまですが、旅行会社ならばツアーに参加してくださる方、メーカーや金融機関ならば商品を買ってくださったり、契約をしてくださる方が「社外顧客」です。

接客業に限らず、その「社外顧客」に対するホスピタリティは、どんな業種でも意識されるようになってきています。ただし、「社内顧客」に対するホスピタリティにまでは、まだまだ意識が及んでいないように感じます。

たとえば、料理をするシェフならば、食事をするお客さまが「社外顧客」であり、料理を運ぶウェイターは「社内顧客」のひとりとなります。

ホスピタリティあるプロとして、「社外顧客」が喜んでくださる料理をつくろう、楽しんでくださる盛り付けをしようと思うのは当然です。

それに加えて、「社内顧客」であるウェイターの気持ちで考えれば、よりよいタイミングで料理を仕上げたり、よりサービスをしやすい皿の出し方をする、といった気遣いが生まれるでしょう。

そのことによって、ウェイターはスムーズに、気持ちよく、仕事をすることができ、結局は、「社外顧客」の食事に対する満足度は上がるはずです。

ほかの部署と打ち合わせが必要であれば、相手の都合のよさそうな時間を選んで連絡をしますし、頼み事や協力を求めるときには、相手が負担に思ったり、不愉快に思ったりしない話し方を考えます。

社内で不愉快な思いをさせられながら、社外からのお客さまには笑顔とホスピタリティを提供するというのは無理があります。

社内のほかの部署もほかの社員も出入りの業者さんも、互いにホスピタリティのある関わり方をしてこそ、仕事はスムーズに流れ、効率が上がり、最終的にはお客さまに対するホスピタリティの質が高くなる。ひいては、その企業の目的とするところの利益につながる。

社内顧客同士のホスピタリティのリレーが届けられてこそ、「社外顧客」にその企業や施設のファンになっていただけるのです。

そういう、先まで見通す目をもち、行動できるのがプロです。

企業の研究職や、人事や総務の担当者など、直接、「社外顧客」と接しない部署であっても、目の前の「社内顧客」の先には「社外顧客」がいるのです。

自分がホスピタリティをもって接しても、隣の部署の「社内顧客」が常に不機嫌な態度を返してくるなど、ホスピタリティが通じないように思えることもあるかもしれません。

そういう人に対して「自分だけがホスピタリティをもって接するのは損だ」と敵対するのは無意味です。

その人に通じなくても、かならず最終の結果には影響があるはずです。「いつも機嫌が悪くて気の毒な人だな」くらいの気持ちで相手を見て、鷹揚に構えて、こちらは誰に対してもホスピタリティをもってぶれずに接する。

それが人間の品格、プロの誇りではないでしょうか。

「社内顧客」に対しても、「社外顧客」に対してもホスピタリティをもって接する「意識の高い社員たち」が多く存在し、連携することで企業はパワーアップするのです。

第4章

さまざまな人と人、業種と業種がつながれば、できることが広がる

ホテルや国の枠を超えてつながっていることがコンシェルジュの最大の強味です

ヨーロッパで出会った「心を読み解く」不思議な老紳士

コンシェルジュが、本当のホスピタリティを提供するには個人の力だけでは足らず、また、ひとつのホテルだけでも不可能です。コンシェルジュとは、ホテルの枠も国境も超えてつながっているからこそ、成り立っているような仕事です。

そんなコンシェルジュの「つながる力」について紹介したいと思います。

日本にはまだなかったコンシェルジュという仕事について私が知ったのは、1972年、中学1年生のときでした。

父が海外出張に行くことになり、家族で同行することになったのです。

フランスのパリ、イギリスのロンドン、イタリアのローマ、スイスのチューリッヒ、オーストリアのウィーン、ドイツのハンブルグ、スペインのマドリード。

各国に3日ほどの滞在で、ヨーロッパをぐるりとまわる旅でした。

ヨーロッパが舞台の小説が好きだった私にとって、目の前に広がる風景すべてが物語と重なり、旅の間じゅう心をときめかせていました。

それに加えて興味を引かれたのが、ホテルのロビーに置かれたどっしりとしたデスクの前に座っている老紳士でした。

「あの人はコンシェルジュといって、ホテルの客のさまざまな相談に乗ってくれるんだ」と父は私に説明し、そして「演劇のチケットを手配してほしい」「レストランを紹介してほしい」とその老紳士にさまざまな依頼や相談事をしていました。

コンシェルジュに頼むと、入手しづらい演劇のチケットが手に入り、コンシェルジュが手配してくれたレストランに行くといい席が用意され、親しみをもって扱われます。

それも、「仕事相手と行く」「家族と行く」「仕事の打ち上げで行く」など日によって、その雰囲気にぴったりと合うレストランを選び分けてくれるのです。

チューリッヒのホテルでは、私が毎日「どこへ行こうかな」「何をしようかな」と相談すると、おじいさんコンシェルジュは「今日は、美術館はいかがかな?」「今日は、動物園に行ってみたら?」「今日は、チューリッヒ湖がいいのでは?」とその日ごとに私の気分にぴったりの場所を紹介してくれたのです。

そして、コンシェルジュのまわりには常に人がいました。特別用事のなさそうなお客さまも、コンシェルジュのところに立ち寄っては雑談をしています。この人には特別に人を引き付ける「何か」があるようなのです。


相手の気持ちを読み解くコンシェルジュっておもしろい。

人が自然と寄ってくるコンシェルジュって不思議。

私は世の中に、コンシェルジュという興味深い仕事があることを知りました。それはかならずしも「自分がなりたい」という現実味のあるものではありませんでしたが、子ども心にその仕事の存在がしっかりと刻まれたのです。

初めての海外旅行ですっかりヨーロッパに魅せられた私は、高校生になると毎年、夏休みを利用してイギリスに英会話留学をするようになりました。そして、ホームステイ先にもなじみ、大学生になると夏休みをそこで過ごすのが、毎年恒例となったのです。


大学の専攻は教育学でした。

この学科は、「教育」とはいっても教師になるための勉強をするのではなく、教育が人に与える影響やその可能性、教育はどうあるべきかを考える哲学と心理学と社会学が混ざったような学問で、人間雑学を学ぶところでした。

そのころから「人間」に興味がありました。でも、それだけでは、自分の就くべき仕事は何かを見定められないまま、大学4年生になりました。

今、大学で、大学生たちと話をするようになり、「自分はどんな職業に就きたいのか」、「どんな仕事が適しているのか」と職業研究をしているのを見ると、「職業を決めるのは焦らなくていいのよ」と思います。

それより先にすべきことは、自己分析と自分磨き。私自身、大学生のときに、そんなことがわかっていたわけではありませんでした。ただ、どんなときも「なんとなく」ではなく、常に好奇心をもって能動的に動く性格だったとは思います。

アルバイトをしているときも、どんな小さな仕事であっても、「コピーをとるなら、彼女に頼みたい」「お茶は彼女にいれてほしい」と思われるような仕事をしようと思っていました。誰でもできることをするのはおもしろくない、人には代わってもらえない仕事をしようと。

そして、国内外での経験、さまざまな考えの人々との出会い、多くの場面で見聞きしたことのすべてが、自分の糧になりました。それは、社会に出てからも同じです。

就職先を考えたとき、ふと思い出したコンシェルジュという仕事

学生にはありがちな錯覚で、自分にはいくらでも可能性があるような気がしつつも、その実、具体的に何ができるのか、何がしたいのかもわからないまま、大学卒業後の進路を決めなければならない時期になりました。そんなとき、「そういえば、コンシェルジュという仕事があったな」と思い出したのです。

当時、日本のホテルにはまだコンシェルジュという職種はほとんどありませんでしたが、ホテルで仕事をしていれば、いつかコンシェルジュが必要とされ、自分がそれに就けるチャンスがあるのではないかと考えたのです。

でも、ホテルで仕事をしている先輩に会いに行ったときも、ホテルの人事担当者と面談したときにも、そのことはいい出せずにいました。

ヨーロッパのホテルでは人生経験豊富な老紳士がその仕事をしているのを知っていたので、大学出たての小娘が「コンシェルジュになりたい」などと口にしてはいけない気がしていたのです。

当時、ホテルでは四年制大学卒の女子の採用はほとんどなく、また、ホテルでの活躍の場も開かれていませんでした。

それでも、熱心に就職を希望する私に対して内定を出してくれたホテルの人事担当者は、なぜホテルの仕事がしたいのかと何度も何度も尋ね、私はとうとう「ホテルに就職し、いつかコンシェルジュの職ができたときに、その職に就きたいと思っている」という本心を打ち明けました。

すると、その方は「それなら女性が力を発揮できる仕事が少ない今のホテルに勤めながら、いつかコンシェルジュの職ができるのを待つよりも、ほかの仕事に就いて経験を積んだほうがいい。10年後には日本のホテルは変わってくると思う。コンシェルジュも誕生するかもしれない。そのときホテルに戻ってきたらいいじゃないですか」とアドバイスしてくださったのです。

このときは、「頭でっかちの女子大生」を面倒に思い、体よく追い払われたと理解しました。ホテル2社が内定をくださいましたが、私はホテル業界に向かない、必要とされていないのだと受け取り、私の中でコンシェルジュへの思いは消えました。ほかの仕事をしながらコンシェルジュになる機をうかがおう、などという気持ちはありませんでした。

今思えば、「10年間、ほかの仕事で経験を積んだほうがいい」というアドバイスは本当に貴重なものだったと感謝しています。

そのときどきで一生懸命取り組めば、人生に無駄な寄り道はない

コンシェルジュへの思いがなくなった私は、当時、新卒にも人気のあった商業施設などを展開するデベロッパー（開発業者）に勤めました。

そして、2年後には、ソニーの創設者である井深大《いぶかまさる》さんが設立した財団法人幼児開発協会（現・公益財団法人ソニー教育財団）で働くようになります。

この協会は、井深さんのユニークな発想のもとでつくられたものでした。

今後、科学技術がどんどん発達していくことを考えたとき、それを正しく使うことができる「いい人柄の大人」を育てなければならない。そのためには、子どもがお腹の中にいるときからの母親の働きかけがとても大事になる、と井深さんは考えていました。

母親のどういう働きかけが、子どもにどんな影響を与えるかを研究する一方で、そ

れを多くの人、とくに親たちに伝えようということを熱心に進めていた財団でした。

私は企画室という部署で、お母さんの子どもに対するさまざまな働きかけについて調査をし、その結果をまとめる仕事をしていました。主な研究は、お腹に赤ちゃんがいる妊婦さんから、子どもが３歳になるまでのお母さんに課題をお願いし、モニタリングをすることでした。

今考えると、言葉を発しない赤ちゃんや小さな子どもたちを相手にする仕事は、人をよく観察し、気持ちを読み解く経験になったと思います。

また、ひと口に「お母さん」といっても、こちらが驚くような考え方や行動をする人たちもいて、決して人はひとくくりにして考えられないことも知りました。

そして、井深さんからよくいわれた「常識を疑え」という言葉が、固定観念をもたず、自由に発想を広げる大切さを教えてくれました。

もちろん当時は、この2ヵ所での経験がコンシェルジュになったときに役立つなどとは微塵も思っていませんでしたが、２つの仕事を通じてできた人脈も含め、そのすべてが今の私の財産になっているのを感じます。

そして、この幼児開発協会で8年働いたのち、退職を申し出ていたときに、偶然でしたがコンシェルジュという仕事に就くチャンスが訪れたのです。ちょうど社会に出てから10年が経っていました。

1991年8月に横浜で開業したヨコハマ グランド インターコンチネンタル ホテルにはコンシェルジュが設置され、私はオープン後5か月めからホテルで働くことになりました。

こんな自分の経験から、「就職はおもしろそうだと思ったことに飛び込んでみたらいい。まずそれを全力でやってみること。もし間違えたらやり直せばいいし、もっとおもしろいものが見えたら、はしごはかけかえられる」と思っています。

ただし、軽々しく考えてほしくはありません。

学生のときにできるだけ多くの体験をし、それを通して、自分はどういう性格か、どういう適性があるか、どんなことに興味を引かれ、どんなことをおもしろいと感じるかといった自己分析をきちんとしたうえで、熟考して決断するべきです。

そのうえで、これだと思った仕事を一定期間以上、本気で一生懸命やってみる。それでも自分の思いと仕事が合わなければ別のことを見つければいいのです。

時間を切り売りするような気持ちで働くのではなく、真剣に仕事に取り組めば、かならず次につながる経験にできます。

ホテルの枠を超えて実力を高め合う勉強会

ヨコハマ グランド インターコンチネンタル ホテルでコンシェルジュの仕事に就いてからはすべてが新しく、試行錯誤の連続でした。

５人のメンバー全員がコンシェルジュとして働くのは初めてで、教えてくれる先輩もいなければ、見本もありません。ホテルとしても、コンシェルジュをどう育てたらいいか手探りの状態。当時、日本にはコンシェルジュをおいているホテルの数はほんのひと握りで、どこも事情は同じようなものでした。

そこで、各ホテルの志あるコンシェルジュが毎月１回、最初のうちは５、６人、集まって定例の勉強会をしていました。

中には「数年先輩」の人もいましたが、まだまだコンシェルジュそのものが日本では知られておらず、利用頻度も少なかったため、経験の浅さはみな同じようなものです。

業務外の集まりなので、仕事で来られない人たちもいて、ときには2人しかいないときもありましたが、誰もが「今できない、今わからないのは悔しいから、明日はできるようになりたい」という前向きな気持ちで、会がなくなることはありませんでした。

勉強会の内容は、もっぱらケーススタディです。

「こんな依頼があって、こういうふうに対応したらうまくいった」

「こう聞かれたので、こう答えたら、さらにこんな質問をされたので、最初からこんなふうに答えるべきだった」

それこそ「2度目以降」はスムーズにできて当たり前のことでも、当時はどのコンシェルジュにとってもそれは「初めて」か、あるいは「まだ経験したことがないこと」ばかりなのです。

誰かの経験を、自分の経験にしていく。誰かの気づきを、自分の気づきにしていく。ひたすらその積み重ねでした。

また、「こういうことを聞かれたけれど、何か方法はあっただろうか」という質問もあれば、「こういう人と知り合ったので紹介します」「どこそこに新しい施設ができたので見てきました」という情報交換もあり、ホテルの枠を超えて高め合っていきました。

情報、知識、人脈を共有するだけでなく、当時、この会はまさに動機づけの機会でした。参加するたびに、皆が同じようなことに困ったり悩んだりしていることを知って励まされ、刺激や元気をもらい、次の課題も見えてきて、次のステップを目指そうという気持ちになるのです。

そして、少しずつステップアップできているという実感が、明日への原動力になっていました。

コンシェルジュは国境を超えてつながっている

勉強会では「ホテルの枠を超えて高め合っていった」と書きましたが、コンシェルジュというのはホテルの枠どころか、国の枠も超えてつながっているという点で、ある意味、特殊な職種かもしれません。

「レ・クレドール」という世界数十か国（現在は44の国と地域、会員約４０００名）に広がるコンシェルジュのネットワーク組織があるのです。

この組織は、お客さまにさらなる満足を提供するために、世界各国のコンシェルジュ同士が助け合い、励まし合うことを目的として、1929年にフランスで発足しました。コンシェルジュが誕生したのがヨーロッパということもあって、参加国の多くがヨーロッパの国々で、アジアで古くから参加しているのが香港とシンガポールです。

このシンガポールが「アジアのコンシェルジュのお父さん」的な存在で、日本の「レ・クレドール」も最初はこのシンガポールの支部という位置づけで参加させてもらうようになりました。

私たちの勉強会は、自分たちでケーススタディをするかたわら、「コンシェルジュという専門職の確立」「日本におけるコンシェルジュの普及」を目標とし、シンガポールの応援を受け、やがて独立して「レ・クレドール ジャパン」を設立するための活動もしていました。

海外の先輩たちを手本にして、個々がコンシェルジュとしての力を磨き、さらにその運営を参考にしながら組織の充実をはかって、その結果、「レ・クレドール」のさまざまな国際基準をクリアして、1997年に「レ・クレドール ジャパン」として正式に独立が承認されたのです。

フランス語で「レ・クレドール」とは「金の鍵」という意味。

「レ・クレドール」の会員は、制服の両襟に2本の「金の鍵」がクロスしたバッジをつけています。

コンシェルジュが根づいているヨーロッパのお客さまなどはとくに、私たちの襟のバッジを見ると安心してくださいます。

「金の鍵」には歴史に裏付けされた信用があるのです。そして、会員には、その信用を裏切らない仕事をするという責務があります。

この「レ・クレドール」のネットワークは世界中に広がっていますが、90年近く前に組織を立ち上げたヨーロッパ、それから半世紀ほど遅れて参加したアメリカ、さらに遅れること20年で参加した日本では、歴史も違えば、お国柄にも違いがあります。

私が子どものころに出会った老紳士のように、ヨーロッパのコンシェルジュ、それもチームを束ねるチーフコンシェルジュといえば、経験豊富な老紳士の仕事です。

ホテルの中でもコンシェルジュは重みのある仕事で、ジェネラルマネージャー（総支配人）よりも長く勤め、誰よりもお客さまのことをよく知り、社会的にも尊敬、信頼されている場合がほとんどです。ヨーロッパはチップ制なので、お給料はともかくとして実際にはジェネラルマネージャーよりも稼いでいるのではないかともいわれています。

いろいろな意味で、チーフコンシェルジュの職務は目標でもあこがれでもあり、世襲のように父から息子に引き継がれたり、引退に際しては売買されるほど思惑が交差するようです。


もともと男性の仕事として引き継がれてきたこともあり、ヨーロッパではコンシェルジュといえば男性です。全体の2割程度、女性のコンシェルジュはいたとしても、チーフコンシェルジュになることはほとんどありません。「女性にはさせられない」という不文律のようなものがあります。「レ・クレドール」にも女性メンバーは最近までいませんでした。

そんな中、1977年の「レ・クレドール USA」の設立によって変化が生じます。「レ・クレドール USA」の創設メンバーには女性会員が参加しており、この女性会員が創設に先駆けて国際会員の加入申請をした際に、加入を認めるかどうかでひと悶着が起きたのです。この時点で「レ・クレドール」には女性会員はいなかったからです。

でも、そこは男女平等の国、アメリカのこと。「なぜ女性にはさせられないのか」という騒ぎになり、ついに翌年、アメリカの女性会員が認められます。

このときのアメリカの働きかけによって女性に門戸が開かれたからこそ、のちに私たちはスムーズに参加できることになるのです。

アメリカでは現在、「レ・クレドール」の男性女性の割合は半々です。

では、日本はどうかというと、最初のころは女性が9割、現在でも7割と、女性が多い仕事です。これはとても残念なことですが、当初、日本ではコンシェルジュという仕事があまり理解されていなかったこともあって評価されず、「女性にでもさせておこう」という扱いだったのです。

国によって「仕事と女性」の関係はさまざまですが、私はコンシェルジュの適性は性差よりも、本人の素質と努力とプロ意識だと思っています。

ヨーロッパの老コンシェルジュのような風格はもちろん私たちにはありませんが、その分、スマートな親しみやすさとフットワークが私たちのもち味だと考えています。

各ホテルの志あるコンシェルジュが集まった勉強会はやがて「レ・クレドール ジャパン」の活動へとスライドしていきました。

当初は「金の鍵」のバッジをつけている日本のメンバーは11名でしたが、2016年現在、26名になっています。

「金の鍵」のネットワークがあればこそ、できることがある

金の鍵のバッジが信頼の証なのは、対お客さまだけでなく、対メンバーでも同じです。「レ・クレドール」のメンバーに依頼をすればバッジの誇りにかけて応対してくれると信頼していますし、逆に、何か頼み事をされたときもバッジの誇りにかけてお応えします。

そして、バッジをつけている者同士はたとえ会ったことがなくても、顔見知りも同然です。電話をして「レ・クレドール ジャパンのケイ・アベですが」と名乗れば、一度も会ったことがなくても、まるで知己のように「Hi, Kay, how are you?（やあ、ケイ、元気？）」と会話が始まります。それがたとえ、地球の裏側の国であっても。

「今日中にアルゼンチンの○○というところに花を届けてほしい」といった依頼が飛び込んできた場合、日本で花の手配をしていたのではとても間に合いません。今では

インターネットで花の注文はできますが、見知らぬ花屋に頼むのも心配です。

そんなとき、アルゼンチンのホテルの「レ・クレドール」のメンバーに連絡し、「こういう目的でこういう人がこんな人に贈る花を手配したい」と相談します。「こういう値段でこんな花を」と依頼をしないのは、国によってしきたりなどが違うので、現地の感覚で花の種類やそのスタイルを選んでもらったほうが間違いないからです。

以前、外国人のお客さまから「日本人の恋人の家に招かれたので、彼女の両親にプレゼントをしたいから、僕が大好きな菊で花束をつくってほしい」と頼まれ、菊は日本では仏事に使う花なのであまりプレゼントには向かないというお話をしたことがあります。

このように国によって花の扱いやしきたりは違うので、そこは現地のことをよく知る人に任せたほうが安心、確実です。

また、現地に日本のような花の配達システムがなかった場合でも、地元のコンシェルジュはほかの配送システムを知っていますし、足を運べる距離ならばそのコンシェルジュが花を届けに行ってくれる可能性もあります。「レ・クレドール」のネットワークとはそういうものだからです。

お客さまから「ニューヨークでお薦めのレストラン」と尋ねられたら、ニューヨークのコンシェルジュに聞きます。

パリに旅行されるお客さまのために、お薦めのホテルの予約をとろうとしたところ満室で、ほかにいいホテルが思い当たらなければ、「あなたのホテルは満室だけど、ほかにどこかいいホテルはないかしら」とパリのホテルのコンシェルジュに相談すれば、お客さまの好みに合わせてほかのホテルを紹介してくれるでしょう。


それは国内でも同じです。

お客さまから「大阪でふぐが食べたいけれど、どこがいい？」と尋ねられたら、ガイドブックをあたるよりも大阪の信頼できるコンシェルジュに聞くほうが確かです。「接待」なのか「子ども連れ」なのかなど用途によって店を選び分けてくれるでしょうし、私たちがいつもお客さまにご案内するように「入口がわかりやすいか」、「英語のメニューはあるか」などの詳細な情報もくれます。

ひとりのコンシェルジュだけではできないことも、チームを組めば可能になる。

コンシェルジュだけではできないことも、ホテル内のほかの部署と協力すれば可能になる。

そして、ひとつのホテルのコンシェルジュだけではできないことも、世界中のホテルのコンシェルジュと連携すれば可能になる。

つながることで、「できること」は豊かになっていきます。

こんなコンシェルジュの仕事の仕方、考え方を日本の観光の現場でもっと広げられないか。世界を網目のようにしてつないでいるコンシェルジュのネットワークと同じようなものを、業種を超えてできないものか。私は、その可能性を模索しています。

日本が観光立国を目指すならば意識改革と、もっと〝つながる〟ことが必要です

外国人旅行者の観光スタイルが変わってきている

私がコンシェルジュとして仕事をしてきた約25年の間に、ホテルにいらっしゃる外国からの観光客の傾向は幾度となく変化してきました。

最近は「個人客が増えたこと」に加え、ツアーで決められたコースに行くのではなく、自分の興味、関心があるところに行って、好きなように過ごしたいという方が増えたように思います。

今でも、オーソドックスな観光地をめぐる旅を望まれる方や、「とにかく買い物がしたい」という方もいらっしゃいますが、「建築物に興味があるのでユニークな建築建物を観てまわりたい」、「洋服を買いたいわけではなく、ファッションデザインに興味があるので、ハイファッションの店をいくつか訪ねてみたい」、「ギャラリーをめぐっ

て日本の現代芸術を観たい」など、自分がしたいことがはっきりとしている方が増えてきています。

その分、私たちも多岐に渡って情報収集をする必要がありますし、また、マニアックな情報に通じている方とのネットワークづくりも重要になってきました。

また、「ものづくりに興味がある」というような方も増え、近頃よくいわれるように、文化体験も人気が高まっています。

そんな場合、伝統工芸の制作現場を見学、体験できる工房や、ハイテク産業を支えているような超絶技巧を見学できる町工場なども喜ばれます。

そういう仕事に携わる方たちの中には、観光客に来てもらって広く仕事を紹介したいと考えていらっしゃる方々もいます。ただし、思いはあっても、受け入れる態勢ができていない、うまく情報を発信できていないという状況もあるようです。

私たちもできればお客さまにご紹介したい、先方もお客さまに来てもらいたい。でも、態勢づくりを含め、うまくかみ合っていない、稼働していないという状況が少なからずあるのです。

そんな中、伝統工芸の職人さんたちの何人かと私たちコンシェルジュが知り合う機会があり、お客さまに個人の手づくり工房をご紹介するケースが、まだまだ少ないながらも出てきています。

外国人のお客さまの中には、制作工程の見学や手づくり体験にすっかり魅せられ、ほかのスケジュールはすべて取りやめて、一日、その工房で過ごされる方もいらっしゃいます。これも、私たち自身が工房を訪ね、現場を拝見し、職人さんたちと実際に会ってお話をしていればこそ、お客さまに自信をもって紹介ができるのです。

そのためには私たちはより積極的に動かなければならないのを実感しますし、同じ思いの現場の方々からの発信や呼びかけも期待しています。

こんな成功例を少しずつ増やしながら、ネットワークを広げていけたらと考えています。

日本各地の観光地とコンシェルジュがつながれば

地域についても同じことがいえます。

観光地にしても、北陸新幹線や北海道新幹線の開通もあって、日本人観光客だけでなく、外国人観光客にも来てほしいと願っている地域が増えています。

でも、ただ1か所だけすばらしい観光名所があるのではなく、宿泊施設や食事ができる店、地域内の交通手段なども充実していないと、なかなかお客さまには案内できません。

また、観るべきところ、行くべきところはいくつもあるにも関わらず、それぞれが点であって、交通手段も、観光に関わる人も業種も線や面としてつながっておらず、地域全体としてうまく機能していないところもあります。

それこそ、その地域なりのつながり、ネットワークができたうえでの受け入れ態勢が望まれるところです。

さらに、英語の標示は十分か、英語で案内できる人がいるのか、わかりやすい場所に尋ねられる所があるかといった、サービス面での充実も欠かせません。せっかく行ったにも関わらず、よくわからないまま観るべきものを観ずに帰ってきてしまうような状況では、安心してお客さまにご紹介できないからです。

その点、長年、人気の観光地である京都などはさすがに、神社仏閣や美術館、博物館など観るべきものが多々あり、宿泊施設や、買い物、食事をする店が充実しているだけでなく、観光客の受け入れに慣れています。

今、全国で流行している、着物を着て街を歩けるレンタルサービスなども数年前から全国に先がけていち早く導入され、日本人を含め観光客に大人気です。

その内容や質はまちまちで、かならずしもこれがよいとは思いませんが、感心するのは、たとえば観光客向けの人力車の発着地点にカメラマンが常駐し、人力車に乗る乗らないには関係なく、着物姿の背景に人力車を入れた写真が撮れるサービスが用意されているなど、街ぐるみで観光客のニーズを敏感に察知し、いくつもの業種や行政が連携してブームを仕かけていることです。

そのため、外国からのお客さまを迎えるには不十分なことも多いとはいうものの、ほかの地域と較べると、「京都をお薦めすれば無難」となりがちですが、それでは変化も進歩もない選択です。

仏像にとても興味があるとか、日本の古い建築に関心があるなど、「ぜひ京都をお薦めしたい」という場合は別として、日本各地にあるほかの観光地の中にもっとお客さまの興味・関心にぴったりと合うところ、観ていただきたいところがあるかもしれません。また、すでに京都に行かれたことがあるお客さまには、もっと違う日本も観ていただきたい。

そんな私たちコンシェルジュを含む、観光客に影響を与えられる窓口になる人たちと、観光客に来てほしいと思っている団体や地域がつながって、情報を共有し、互いに協力して必要な改善をすることで、日本の観光はもっと活性化すると考えています。

私たちも、ご案内の可能性があると思われる地域へはできるだけ足を運んでいます。実際に行ってみて感じるのは、現地の方々が、自分たちの地域の魅力にあまり気づいていないケースが少なからずあることです。

単に「いらした方には夕陽が人気です」ではなく、「〇〇で何時に観られる夕陽はすばらしい」とか、「〇〇記念館があります」ではなく、「〇〇記念館に行くと、こんなこともあんなこともできて楽しめます」とか、「ここでしか食べられないこんなものがあります」とか、もっと自分の地域ならではの自慢できるものを明確に認識する必要を感じます。

英語が話せる人が少ないことで外国人観光客の受け入れに二の足を踏んでいるところもあります。英語は話せたほうがいいですが、話せないことが致命的なデメリットというわけでもありません。

話せなかったとしても、「私たちの地域にはこんなに自慢できるものがある。英語を話せる人はいないけれど、街じゅうで歓迎をするので、英語の看板の表記についてアドバイスしてほしい。また、いざとなって通訳が必要になったら電話をするからよろしく頼む」といわれれば、私たちは喜んでお手伝いします。

「金の鍵」のネットワークが強固で信頼し合えるように、日本中で思いを同じくする人たちが信頼の絆でつながっていけば、不可能に思えていたこともきっと可能になるはずです。


今、情報の動き方は変わってきているので、誰かひとりの体験がSNSを通じて一気に世界じゅうに拡散していきます。この口コミ情報は、近頃は、内容によってはガイドブックなどよりよほど影響力をもっています。そういうものも利用しながら、既存の発想にとらわれず、新しいことができるのではないか。

観光は生き物なので、変化を恐れないこと。

日本人が地域ぐるみ、街ぐるみで「観光はもっと楽しいものにできる」と信じ、オールジャパンのネットワークをつくって、新たな挑戦をしていくことで、きっと進化する、と思います。

コンシェルジュも「待ちの姿勢」にとどまってはいけない

コンシェルジュも、もっと発信力をもっていくべきだと思っています。

日本のコンシェルジュはこれまで、お客さまの依頼や要望に対してお応えすることがもっぱらで、こちらからの発信は十分ではありませんでした。

ここ数年は、こちらから本物の日本を知らせる努力をしています。たとえば「日本に来たら、ほかにはないこんな体験ができる」という情報を、お客さまに対してはもちろん、海外のコンシェルジュに対しても積極的に発信していくことを始めています。

そうすれば、どこかの国のコンシェルジュがお客さまから「今度の休暇にアジアに行きたいと思っている」という相談を受けたときに「日本はいかがですか」とアドバイスをしてくれるかもしれません。ネットワークを積極的に活用すれば、今までにない仕かけができると思います。

たとえば、国際会議をする場所を検討している人たちに対してなら、会議場の提案、同伴者に対するオプションや会議前後の旅のプランニングなどを含めた、全体を企画するオーガナイザーや、エンタテイメントを紹介することもできます。

培ってきたネットワークを活用することで、既存の発想を超えた企業や人が手を組んで仕事をすることも可能です。

コンシェルジュの情報力としてだけでなく、人脈の今までにない活用を考えていきたいと考えます。


コンシェルジュも変わっていかなければいけません。

そのためには、お客さまからの依頼や要望を待つだけではなく、こちらから豊かな提案をして、新たな要望を引き出すことが必要になってくるでしょう。

一般の人たちもつながる意識を

「2020年に東京オリンピック・パラリンピックが開催されると、外国人観光客や身体の不自由な方々が大勢いらっしゃるから、受け入れ態勢をつくらなければならない」としきりにいわれています。

でも、オリンピック・パラリンピックの時期に間に合えばいいというものではなく、今日からやらなければならないことがたくさんあります。

英語を話せるハイヤー、タクシーの運転手さんや資格をもったガイドさんの数が圧倒的に足りないのは、解決しなければならない喫緊の課題です。

そして、そういう接客のプロだけでなく、一般の街の人々ももっとホスピタリティを楽しんで実践できる国になれればと思うのです。

大学生たちに「駅で切符の買い方がわからずに困っている外国人がいたら、あなたは声をかけますか？」と聞くと、８、９割は「声をかけない」と答えます。

その理由は、「質問された内容がわからないかもしれないから」「質問に対して、最後まで英語で説明する自信がないから」ということです。

でも、逆の立場になった場合、あなたは話しかけられたら嫌でしょうか。言葉がつたなかろうが、異国で途方にくれているときに自分を気にかけてくれる人がいることが、心強くはないでしょうか。

あるいは旅先の居酒屋のカウンターに外国人がひとりで座っていて、出てくる料理、出てくる料理に不思議そうな顔をしているときに、英語が通じないからといって話しかけないのではなく、「これは、こんなふうにして食べるんですよ」「もし、これが買いたければ、〇〇に行けば買えますよ」と片言の英語とジェスチャーであっても伝えれば、お互い、どんなに楽しいことか。

身体が不自由な方たちに対しても同じです。目の不自由な方を見かけても、声をかけて何か失礼があったらいけないと、躊躇して何もできないでいないでしょうか。

車いすの方が移動に手間取っているとき、手を差し伸べられるでしょうか。

また、生活習慣が違う外国人が、日本のマナーに反したことをしているのを見たとき、事なかれ主義や、変なおもてなし意識が邪魔をして、「これはあの人たちのやり方だから仕方がない」と間違いを指摘しないまま目をつぶっていないでしょうか。

観光客に慣れている地域の人たちは、「私たちの国にはこういう習慣があります。文化があります。その中で、あなたが過ごしやすいようにお手伝いをします」ということを誇りをもってきちんと説明しています。

生活習慣などに関しては、外国人の間違った認識をやり過ごすのではなく、きちんと伝えたほうが相手にとって親切なことも多いのです。

今、日本は政府主導で観光立国を目指していますが、私は、一般の人たちの意識が変わっていってこそ観光立国の実現があり得ると思っています。

相手の気持ちで考える。

相手が喜んでくれるのがうれしい。そのために何かできることが楽しい。接客業のプロだけでなく、こんな意識を皆が普通にもつようになりたい。もっと人と人が関わり、もっと人にやさしい国になりたい。

外国人や身体が不自由な方がいたら手伝ってあげましょうといった義務としてではなく、どんな人に対しても、その人を喜ばせるために「何かしてあげたい」と自然に思う人が増えれば、訪ねてくれた人たちに心地よく過ごしてもらうことができるようになるはずです。

子どもたちには人に喜んでもらう喜びを感じる経験を増やし、大人たちは自ら積極的に生身の人と人との関わりに興味をもつことだと思います。

プロの努力はもちろんですが、一般の人たちのホスピタリティも磨かれてこそ、人と人がつながってこそ、日本は真の「観光の国」になれると思っています。

エピローグ

少し年配の外国人の女性から、美容室の予約を依頼されました。

細い金髪で、日本語はお話しにならないお客さまです。

ホテル内の美容室に確認をしたところ、日曜日で婚礼のお客さまが多く、混んでいることもあって、予約が取れるのは英語を話さない美容師で、通訳を介しての応対になるとのこと。そこで、ホテルのすぐ隣にある美容室に連絡をしてみると、金髪の扱いにも慣れていて英語を話す美容師の予約が取れました。


しばらくしてそのお客さまが戻ってこられたので、ホテルの隣の美容室に予約を入れたことをお話しすると、「えっ、ホテルの中の美容室ではないの?」とおっしゃいます。

ホテルの美容室の状況をお伝えし、「ホテル内のほうがよろしければ通訳付きにはなりますが変更しましょうか」と申しあげると、「あなたがそちらの美容室のほうがいいというのならそれでもいいけれど、ホテルの中ではないのね」と少しご不満の様子です。

お客さまが何をそんなにこだわっているのかというと、ホテルの中の美容室であれば、ホテル内のジムでトレーニングをしたあとシャワーを浴びて、髪が濡れたままでも行けるからだというのです。

ただし、ホテルの構造上、ホテル内の美容室であっても、ほかのお客さま方がいらっしゃるロビーを通ってから上階に上がらなければなりません。その点は、ロビーを通ってすぐ隣の美容室に行くのと状況はあまり変わりません。

「ホテルのすぐ隣なので、私がエスコートをしますから髪が濡れたままでもよろしいのでは？」と申しあげたのですが、一歩でもホテルから出るのならばそうはいかない、しっかりと身支度をして行かなければいけないとおっしゃるのです。

お客さまの表情を見ながらお話をしている間、変更すべきかとても迷いましたが、結局、そのお客さまはお化粧も髪も整えて、ホテルの隣の美容室へ出かけられました。

そして、大満足で帰ってこられました。

結果的には、ご希望の優先事項は「美容室がホテル内にあるかどうか」ではなく、「細い金髪の扱いに慣れていて、英語を話す美容師」だったのです。もちろん両方かなえばもっとよかったでしょうが……。

このとき、お客さまと会話をしながら、ヨーロッパの方のホテルに対する感覚を見たような気がして、興味深いと思いました。

私たち日本人は、ホテルでも客室を一歩出ると、よそ行きの空間という意識があります。ほかのお客さまがいらっしゃるロビーなどはなおさらです。

でも、ヨーロッパのお客さまにとってホテルの中は、他人の目があっても「ホーム」であり、ホテルの玄関を一歩出たら「外」ということなのでしょうか。

お客さまがホテルを家のように感じ、リラックスしてくださっているならば、こんなにうれしいことはないと思いました。

何年も繰り返してきたごく当たり前のご手配にもこんな新しい発見があったりして、コンシェルジュの仕事には「これで完成」「これなら十分」ということがありません。

だからこそ、コンシェルジュとしてホテルのロビーに立ち、お客さまと接して、ホスピタリティのプロとしての勘や、お客さまの気持ちや時代の変化を読み取る感覚を磨き続けていきたい。そして、後進たちの力の底上げを手伝い、時代とともに進化していくべきコンシェルジュのあり方について模索し、挑戦していきたいと思っています。

また、大学においては、どういう業界でもホスピタリティをもってリードする、志ある人材を育てていきたいと考えています。

現在、ホテルや航空会社に就職をする人を見てみると、マネジメントの仕事を目指す人は大学の経済学部などの卒業生が主体で、ホスピタリティや観光を専門とする学科や専門学校の卒業生は接客を目指すというように分離している傾向があります。

これからは、マネジメントのこともホスピタリティのことも学べる場所があり、どちらにも精通している人材が育ち、広い意味での観光をリードしてしかるべきではないかと思うのです。

また、大学を卒業して5年後、10年後にもう一度、次のステップに向けて学べる機会を得られるようなシステムをつくれないかとも考えています。

誰しも社会に出てから「学生のときにもっと勉強をしておけばよかった」と思うものです。また、実際に働いてみたからこそ学びたいこと、知りたいことというのもでてきます。

ホスピタリティ産業に関わるそんな社会人たちが、自分の仕事を見つめ直し、レベルアップできる場がつくれないか。

企業がそういう人を応援してくれるようになれば、なおいいでしょう。


接客に関わる仕事をするひとりひとりがもっと力をつけ、そんな強い意志のある個人、企業、団体がプロとしての信頼でつながることで、ホスピタリティ産業がさらに活性化し、いきいきとしていくこと。

また、一般の人たちにもホスピタリティの考え方が浸透し、人にやさしい社会ができること。

そして、外国からのお客さまが「ジャパン」を存分に堪能してくださることはもちろん、日本人ももっと日本国内を旅行し、その真の美しさを知り、誇りに思えるようになること。

それが、人に喜んでもらえることが楽しい私の、今の願いであり、挑戦です。

今回、本のタイトルに「仕事道《しごとどう》」という言葉を選びました。

剣道、柔道、華道、茶道、書道……。日本の伝統の美しさと強さを表す〝道〟という言葉を、「仕事道」などというように使っていいのか迷いましたが、単にテクニックを身につけることを目的とした「仕事術」ではなく、志をもって精神と技を磨き、極めるプロフェッショナルの精神性を思い、このようにしました。

本書の提案から出版まで、まさに身をもって柔軟で温かくかつ厳しい仕事道を感じさせてくださった、清流出版の秋篠貴子さん、竹中はる美さん、グランド ハイアット 東京のチーム、そして読んでくださった皆さまに心からの敬意と謝意を表します。

ありがとうございました。

阿部 佳（あべ・けい）

1959年、東京都生まれ。1982年、慶應義塾大学文学部社会心理教育学科を卒業。株式会社パルコ、財団法人幼児開発協会（現・公益財団法人ソニー教育財団）の勤務を経て、1992年、ヨコハマ グランド インターコンチネンタル ホテルにコンシェルジュとして入社。1993年にヘッド・コンシェルジュに就任。1997年コンシェルジュの国際組織「レ・クレドール」の正会員となり（現在、名誉会員）、翌年「レ・クレドール ジャパン」のプレジデントに任命される。2002年よりグランド ハイアット 東京にチーフコンシェルジュとして勤務。2016年現在、同ホテルのゲストリレーションズ／コンシェルジュ。2015年4月より明海大学ホスピタリティ・ツーリズム学部教授も務める。著書に『わたしはコンシェルジュ』（講談社）、『お客様の“気持ち”を読みとく仕事 コンシェルジュ』（秀和システム）がある。NHK「プロフェッショナル　仕事の流儀」などメディアでも多数紹介。

取材・撮影協力・写真提供
グランド ハイアット 東京
http://tokyo.grand.hyatt.jp/

編集協力
竹中はる美

撮影
鶴崎 燃

ブックデザイン
松永大輔

もっと前へ、日々進化
コンシェルジュの仕事道

2016年10月27日　初版第1刷発行
2024年 4 月11日　初版第2刷発行

著者　阿部 佳

発行者　松原淑子
発行所　清流出版株式会社
東京都千代田区神田神保町3-7-1 〒101-0051
電話 03-3288-5405
ホームページ https://www.seiryupub.co.jp

編集担当　秋篠貴子

印刷・製本　図書印刷株式会社

乱丁・落丁本はお取り替えいたします。
ISBN 978-4-86029-453-3

本書をお読みになった感想を、
QRコード、URLからお寄せ下さい。
https://pro.form-mailer.jp/fms/91270fd3254235